VIDA DE SANTA CLARA

Dados Internacionais de Catalogação na Publicação (CIP)
(Câmara Brasileira do Livro, SP, Brasil)

Vida de Santa Clara : processo, bula, legendas ; tradução de Frei José Carlos Correa Pedroso. – Petrópolis, RJ : Vozes, 2023 [Em coedição com CFFB – Conferência da Família Franciscana do Brasil – Brasília, DF].

Título original: Santa Clara life.
ISBN 978-65-5713-952-3

1. Cristianismo 2. Clara, de Assis, Santa, 1193-1253 3. Igreja Católica 4. Santas cristãs – Biografia I. Título.

23-153415   CDD-282.092

Índices para catálogo sistemático:

1. Santas : Igreja Católica : Biografia 282.092

Tábata Alves da Silva – Bibliotecária – CRB-8/9253

VIDA DE SANTA CLARA

Processo, bula, legendas

Tradução de Frei José Carlos Correa Pedroso, OFMCap

Conferência da
Família Franciscana do Brasil

Petrópolis

Os textos do processo, da Bula e das legendas são extraídos das *Fontes Franciscanas e Clarianas*, editadas em 2004 pela CFFB em coedição com a Editora Vozes.

© desta tradução, 2004, 2023
CFFB – Conferência da Família Franciscana do Brasil
SCLRN, Bloco B, Entrada 11
70750-512 Brasília, DF

Em coedição com:
2023, Editora Vozes Ltda.
Rua Frei Luís, 100
25689-900 Petrópolis, RJ
www.vozes.com.br
Brasil

Todos os direitos reservados. Nenhuma parte desta obra poderá ser reproduzida ou transmitida por qualquer forma e/ou quaisquer meios (eletrônico ou mecânico, incluindo fotocópia e gravação) ou arquivada em qualquer sistema ou banco de dados sem permissão escrita da editora.

CONSELHO EDITORIAL

Diretor
Volney J. Berkenbrock

Editores
Aline dos Santos Carneiro
Edrian Josué Pasini
Marilac Loraine Oleniki
Welder Lancieri Marchini

Conselheiros
Elói Dionísio Piva
Francisco Morás
Gilberto Gonçalves Garcia
Ludovico Garmus
Teobaldo Heidemann

Secretário executivo
Leonardo A.R.T. dos Santos

Editoração: Fernando Sergio Olivetti da Rocha
Diagramação: Sheilandre Desenv. Gráfico
Revisão gráfica: Alessandra Karl
Capa:
Ilustração de capa:

ISBN 978-65-5713-952-3

Este livro foi composto e impresso pela Editora Vozes Ltda.

Sumário

Introdução às hagiografias de Santa Clara, 7

1 Processo de Canonização de Santa Clara de Assis, 17

2 Bula de Canonização de Santa Clara de Assis, 71

3 Legenda de Santa Clara virgem, 79

4 Legenda Versificada de Santa Clara de Assis, 119

Introdução às hagiografias de Santa Clara[1]

Algo que, à primeira vista, pode parecer estranho ao leitor é o fato de que entre quatro textos apresentados como hagiografias constem uma bula e um processo. A razão é simples: tanto a Bula de Canonização como o Processo têm não somente conteúdos hagiográficos, mas também a estrutura própria de uma hagiografia. E, como se verá, todos estes textos têm entre si uma ligação de estreita dependência, embora cada um tenha sua identidade e beleza própria.

Santa Clara morreu no dia 11 de agosto de 1253. No dia seguinte, o das exéquias e do sepultamento, o Papa Inocêncio IV, que naquele verão estava em Perúgia com sua corte, ao propor que se celebrasse o ofício das virgens em vez do ofício dos defuntos, propunha praticamente a canonização imediata da santa. Foi o Cardeal Reinaldo quem o alertou para que não apressasse os acontecimentos[2].

Apesar de o Papa Inocêncio IV ter controlado a sua ânsia de canonizar Santa Clara, pode-se dizer que os encaminhamentos foram de enorme rapidez, pois, dois anos após a morte, Santa Clara já estava solenemente canonizada, a saber, provavelmente em agosto de 1255. A nosso ver, a canonização, cuja data inexplicavelmente permaneceu na obscuridade, deve ter acontecido antes do dia 11 de agosto. De fato, a *Legenda de Santa Clara* diz: "Aproximando-se o dia [aniversário] da migração dela ao Senhor, passados dois anos do trânsito dela, tendo convocado uma multidão de prelados e de todo o clero e feito um prévio sermão, o feliz Alexandre – a quem

---

[1] Para a elaboração desta introdução foram utilizados: introduções de *Fontes franciscani*. Santa Maria dos Anjos/Assis: Porziuncola, 1995. • URIBE, F. *Introducción a las hagiografías de San Francisco y Santa Clara de Asís (siglos XIII y XIV)*. Múrcia, 1999. • PEDROSO, J.C. *Fontes clarianas*. 2. ed. Petrópolis: Vozes, 1994.

[2] Cf. *Legenda de Santa Clara* (daqui em diante citada como LSC) 47, 5-8.

o Senhor reservara esta graça... inscreveu reverentemente Clara no catálogo dos santos"[3].

Ora, a expressão "aproximando-se o dia" (em latim *instante die*) significa um "estar próximo" futuro, indica um dia que há de vir, no caso, o aniversário da morte dela. E é nesse momento, antes do segundo aniversário da morte, que se realizou a canonização. Posto este detalhe sobre o contexto em que surgem as hagiografias, abordaremos cada uma delas. Seguiremos a ordem cronológica que mostrará com maior clareza a conexão que há entre elas.

1 Processo de canonização

No dia 18 de outubro de 1255, apenas dois meses e poucos dias após a morte de Santa Clara, o Papa Inocêncio IV escreveu uma bula dirigida a Bartolomeu, bispo de Espoleto, pedindo-lhe para instaurar um processo com a finalidade de colher informações sobre a santidade de Clara. A Bula, escrita em latim e conhecida como *Gloriosus Deus*, está conservada no protomosteiro de Santa Clara em Assis e foi publicada no *Bullarium Franciscanum*, t. I, p. 687.

A Bula não somente pedia a instauração do processo, mas propunha também um roteiro sobre o qual deveria ser feita a investigação: *vita* (a vida antes de tornar-se religiosa), *conversio* (a passagem à vida religiosa), *conversatio* (como se desenvolveu a vida religiosa), *miracula* (os milagres)[4]. Esta estrutura de quatro pilares era a estrutura normal de uma hagiografia medieval. O fato de estar explicitada na carta de instauração do processo permite deduzir que, quando Inocêncio IV pede que o processo siga esta estrutura, ele já estivesse pensando em uma hagiografia.

O papa mandou, além disso, um questionário que ele menciona explicitamente na Bula: "de acordo com as perguntas que te

---

[3] LSC 62, 8; o Papa Inocêncio IV já havia falecido aos 7 de dezembro de 1254. Seu sucessor, Alexandre IV, antes Cardeal Reinaldo, foi quem inscreveu Clara no catálogo dos santos.

[4] Cf. Fontes *Franciscanas e clarianas* (daqui em diante citada como FFC). Petrópolis: Vozes/FFB, 2004, p. 1.827-1.828.

mandamos incluídas na nossa Bula"[5]. Mas este questionário não chegou até os dias atuais.

Foi então constituída uma comissão. Sob a presidência do Bispo Bartolomeu, foram convocados os seguintes membros para compor a comissão: Senhor Leonardo, arquidiácono de Espoleto, Senhor Tiago, arcipreste de Trevi, Frei Leão, Frei Ângelo de Rieti e Frei Marcos dos frades menores, e o Senhor Martinho, notário. O inquérito começou no dia 24 de novembro do mesmo ano no mosteiro de São Damião. Foram escolhidas 15 Irmãs para dar seus testemunhos. Não se sabe explicitamente qual teria sido o critério da escolha destas irmãs, mas é de se supor que foram aquelas que conviveram por mais tempo com Santa Clara e que tivessem tido a experiência das origens. De fato, a muitas era feita a pergunta sobre quanto tempo a depoente tinha convivido com Clara e quanto tempo a conhecia.

A 15ª testemunha, porque estava enferma, apresentou seu depoimento dia 28 de novembro na enfermaria, como também nesse dia houve um testemunho comunitário (todas as monjas enclausuradas do Mosteiro de São Damião).

A 16ª testemunha, o Senhor Hugolino de Pedro Girardone, um cavaleiro de Assis, prestou seu depoimento no mesmo dia 28, mas na Igreja de São Paulo, estando presentes outras pessoas: Andriolo de Bartolo, Vianello de Benvenuto Lucchese e outros mais. E, no mesmo dia e lugar, prestaram seus depoimentos a Senhora Bona de Guelfuccio (17ª testemunha), amiga de Santa Clara na juventude, o Senhor Rainério de Bernardo (18ª testemunha) e o Senhor Pedro de Damião (19ª testemunha).

O inquérito terminou no dia 29 na mesma Igreja de São Paulo com o depoimento do Senhor João de Ventura (20ª testemunha), diante de Bartolomeu, bispo de Espoleto, do Senhor Leonardo, arquidiácono de Espoleto e de Dom Tiago, arcipreste de Trevi. O tempo de composição deste texto, portanto, não poderia estar mais bem determinado.

---

[5] Cf. FFC, p. 1.828.

O diálogo entre a comissão e as testemunhas deve ter-se desenvolvido em língua vulgar (língua umbra ou toscana), mas os depoimentos foram provavelmente escritos em latim pelo notário ou escritos em vulgar e depois traduzidos para o latim, língua oficial. Este tipo de escrito, de modo geral, depois de servir ao seu escopo, era arquivado e até mesmo descartado.

Não se sabe de outros casos em que tais documentos do século XIII tenham sobrevivido. Prouve à Providência que uma cópia em vulgar fosse conservada. Trata-se de uma cópia do século XV que foi descoberta por Zeffirino Lazzeri em 1920 em um códice da Biblioteca de Landau (hoje Biblioteca Nacional de Florença). Não se conhecem outras cópias, mas apenas fragmentos publicados em uma Legenda de Santa Clara do século XVI.

A primeira edição foi feita pelo próprio Z. Lazzeri em 1920. Não é uma edição crítica, pois não foram encontrados outros códices, mas simples transcrição do códice florentino. Os títulos contidos no texto certamente não são originais, mas anotações do copista para identificar os relatos.

Há quem formule a hipótese de que neste texto estaria faltando uma segunda parte com os relatos dos milagres ocorridos depois da morte de Santa Clara. Não vemos, porém, viabilidade para essa hipótese. Por duas razões: 1) O período de dois meses e meio (desde a morte de Santa Clara até o final do inquérito) é muito curto para se fixar um elenco dos milagres *post mortem*. 2) Como as Irmãs durante o inquérito relataram os milagres acontecidos em vida, se tivessem conhecimento de algum milagre após a morte de Santa Clara naquele período de dois meses e meio, certamente elas o teriam relatado. Uma lista dos milagres *post mortem* tem sentido, sim, para quem vai escrever uma Legenda dois anos mais tarde, mas não como parte deste texto em estudo.

Não se coloca em dúvida a autenticidade do texto, até porque este converge com a Bula de Canonização e com a Legenda oficial nos pontos fundamentais.

Supérfluo seria dizer o valor desse texto como fonte biográfica. Os relatos, expressos de maneira tão simples, trazem o frescor das recordações ainda vivas e palpitantes de uma convivência tão próxima com Clara. A Bula de Canonização e as legendas posteriores souberam colher a singeleza daqueles relatos e as experiências que eles transmitem.

2 Bula de Canonização

O texto conhecido como "Bula de Canonização", olhado em sua estrutura e conteúdo, pode ser considerada uma pequena hagiografia. Apresentando estreita relação com o processo, ela tem como estrutura dorsal a mesma que é proposta na carta que instaurou o processo (*vita, convertio, conversatio, miracula*). Com a Bula, na realidade o Papa Alexandre IV (antes Cardeal Reinaldo) concluía o processo de canonização encaminhado por seu predecessor Inocêncio IV.

Quanto à data de composição (promulgação), deve-se levar em conta que a data de uma Bula de Canonização não coincidia com a da canonização. A de São Francisco, por exemplo, só foi publicada no dia 19 de julho de 1228, três dias após a canonização. Quanto à Bula de Canonização de Santa Clara, não se tem a mesma exatidão, pois umas cópias trazem 26 de setembro e outras 19 de outubro. Quanto à multiplicidade de cópias, já Lucas Wadding no século XVII dizia ter visto vários exemplares. O exemplar com características de maior autenticidade foi o encontrado por Z. Lazzeri no Arquivo de Castel Sant'Angelo, o qual traz a data de 26 de setembro e é proveniente da Catedral de Anagni, onde Santa Clara foi canonizada. Z. Lazzeri publicou-o em 1920.

Uma pergunta que ainda fica sem uma resposta definitiva diz respeito à autoria do texto da Bula de Canonização. Há os que defendem a autoria do Papa Inocêncio IV, falecido aos 7 de dezembro de 1254. Portanto, seria uma obra póstuma. Os que defendem Tomás de Celano como autor da Legenda de Santa Clara, percebendo alguma semelhança na linguagem, consideram-no autor também do texto da Bula. Finalmente, a maioria dos estudiosos aponta o próprio Papa Alexandre IV como autor, embora não apresentem uma argumentação conclusiva.

Do ponto de vista literário, a obra é bela. Faz um jogo poético com o nome de Clara com claridade, retomando um tema bíblico muito recorrente que é o tema da luz. Estabelece contrapontos muito significativos: "Ficava esta luz fechada no segredo do claustro, mas emitia raios brilhantes para fora. Recolhia-se no estreito convento, e se espalhava pelo amplo mundo. Guardava-se lá dentro e emanava fora. Pois Clara se escondia, mas sua vida se manifestava; Clara se calava, mas sua fama clamava; trancava-se na cela e era conhecida pelas cidades afora. Nem é de se admirar, porque uma luz tão acesa, tão luminosa não podia esconder-se, deixando de brilhar e de dar clara luminosidade na casa do Senhor"[6].

3 Legenda de Santa Clara

A Legenda de Santa Clara traz o caráter da oficialidade. Foi escrita a pedido insistente do Papa Alexandre IV. Na carta que serve de prólogo, o autor diz: "Aprouve à vossa senhoria mandar à minha pequenez que, examinados os atos de Santa Clara, compusesse sua Legenda. Na minha imperícia literária, temeria tal encargo, se a autoridade pontifícia não tivesse insistido mais de uma vez, pessoalmente"[7].

Com relação à autoria do texto em questão, não há documentos ou escritos ou escritores que façam referências explícitas ao autor da Legenda. Deste modo, proliferam as hipóteses. Há atribuições a Boaventura, a Marcos de Montefeltro (capelão do Mosteiro de São Damião e um dos membros examinadores do processo). Desde o século XV, Frei Mariano de Florença atribuiu a obra a Tomás de Celano. Esta opinião se impôs no século XVI e no XIX, a partir de análise interna do texto. Hoje, a grande maioria dos estudiosos aceita Tomás de Celano como autor da Legenda, embora alguns ainda se mantenham céticos à espera de argumentação mais conclusiva. Não pode ter sido uma clarissa a autora, pois o autor se refere a "esta Ordem", não à "nossa Ordem". Trata-se de alguém reconhecido por suas habilidades literárias nos meios pontifícios, como se deduz da carta-prólogo.

---

[6] *Bula de Canonização*, 12-15.

[7] LSC Pr. 9-10.

Na nossa opinião, a Legenda de Santa Clara tem como autor mais provável o frade menor Tomás de Celano. Apresentamos dois argumentos:

a) A carta-prólogo da obra é propriamente uma assinatura de Tomás de Celano. Ao cotejar a Legenda de Santa Clara com as hagiografias de São Francisco escritas por Tomás de Celano verificam-se elementos não apenas comuns, mas idênticos. Tais como: alusão a quem encomendou a obra, no caso, o papa[8]; nas legendas de São Francisco, o papa, o ministro-geral[9]; alusão à imperícia no escrever[10]; alusão às fontes a que ele recorreu[11]; permissão para que o mandante da obra faça correções[12].

b) A estrutura da obra tem muita semelhança com a *Segunda vida* escrita por Tomás de Celano no que se refere à *conversatio* (como se desenvolvia a vida religiosa). O autor não segue a cronologia, mas procede por ordem temática: a humildade, a pobreza, a mortificação da carne, a prática da santa oração etc.

Além disso, o papa, ao procurar alguém qualificado para escrever uma hagiografia, certamente recorreria a alguém que na Ordem já era consagrado como hagiógrafo, não só por ter escrito várias hagiografias, mas especialmente por tê-las escrito com a devida qualidade. Parece ser esse o caminho mais lógico.

Quanto à data de composição, a obra encomendada oficialmente por Alexandre IV após a canonização, deve ter sido concluída já pelo final de 1256 ou, no mais tardar, nos meses iniciais de 1257. A obra relata a canonização, mas não traz uma data precisa. Por isso surgiu a hipótese de que, diferentemente da *Vita Prima Sancti Francisci* de Tomás de Celano, que foi encomendada pelo papa depois da canonização dele, a Legenda de Santa Clara teria sido escrita antes

---

[8] Cf. LSC Pr. 9.

[9] Cf. 1Cel 1, 1; 2Cel Pr. 1, 1; 3Cel 198, 7; 5Cel, 1; apontamos como 5Cel a nova vida de São Francisco encontrada em 2015 por Jacques Dallarun.

[10] Cf. LSC Pr. 10; 1Cel Pr. 1, 1; 2Cel Pr. 1, 1; 3Cel 198, 4.

[11] Cf. LSC Pr. 11-12; 1Cel Pr. 1, 1.

[12] Cf. LSC Pr. 13; 2Cel Pr. 2, 5; 5Cel 1.

da canonização. O autor não teria colocado a data por não saber como datar um evento que ainda haveria de acontecer.

A nosso ver, esta hipótese não tem sentido, pois de fato a obra traz uma data, embora não com a precisão que se espera: a canonização aconteceu antes do segundo aniversário de morte da santa, isto é, antes do dia 11 de agosto. A afirmação de que a canonização se deu antes e não depois de 11 de agosto só pode ser uma afirmação *post factum* (depois do acontecido). Portanto, cai por terra a hipótese de que teria sido escrita antes da canonização.

Quanto às fontes, o autor teve à sua disposição algum material escrito. No prólogo ele faz referência a "documentário incompleto" que tinha diante de si[13]. Supõe-se que se trata do Processo de Canonização e da Bula de Canonização, tal é o parentesco entre os três textos.

Mas o autor achou o material insuficiente. Por isso, recorreu ao testemunho dos frades e da comunidade das Irmãs Pobres. Este fato explica por que a Legenda contém elementos não presentes no Processo. No Processo, as Irmãs respondiam a uma série preestabelecida de perguntas. Num diálogo com o autor, elas relatam também episódios dos quais não se tinham lembrado por ocasião da realização do processo, dois anos antes. Se de um lado o autor, como ele mesmo afirma[14], deixou alguma coisa fora, de outro lado ele acrescentou elementos colhidos diretamente da boca das Irmãs que conviveram com Clara.

Quanto à transmissão do texto, foram encontrados cerca de 30 códices, sendo vários deles do século XIII. O mais importante é o códice 338 de Assis. A primeira edição, de 1751, foi feita pelos bolandistas. A primeira edição crítica data de 1910, feita por Francesco Pennacchi. Este defendia a autoria de Tomás de Celano. Muitos estudiosos que se dedicaram à pesquisa sobre Santa Clara seguem a opinião de Pennacchi: Fausta Casolini, Ignacio Omaechevarria, Damien Vorreux, Georges Mailleux, Marco Bartoli, Englebert Grau, entre outros.

---

[13] Cf. LSC Pr. 11.

[14] Cf. LSC Pr. 12.

O parecer de dois estudiosos traduz o valor da obra: para Z. Lazzeri trata-se da mais bela Legenda franciscana. Marco Bartoli considera-a a mais completa fonte para conhecer a vida da santa de Assis.

4 Legenda Versificada

Trata-se de uma Legenda escrita em versos, à maneira da Legenda Versificada de São Francisco composta por Henrique de Abranches. A obra consta de 1.725 versos hexâmetros.

Vários foram apontados como autor da obra: Tomás de Celano, João de Cavriana, Henrique de Avranches, Boaventura. Argumentos aproximativos a partir da crítica interna defendem que o autor pode ter sido alguém da cúria pontifícia. A favor dessa hipótese está a dedicatória com altos elogios ao Papa Alexandre IV.

Um detalhe transmitido unicamente pela Legenda Versificada pode sugerir que o autor tenha colhido a informação ou diretamente do papa ou de algum prelado que estivera presente aos funerais da santa. O detalhe sugere o livre-trânsito do autor entre o papa e os prelados da cúria romana, o que seria mais fácil para um elemento da própria cúria. Trata-se do detalhe que, na cerimônia fúnebre, os prelados tiravam seus anéis e os colocavam na mão da falecida santa[15].

Na falta de argumentos comprobativos, a Legenda Versificada deve ser considerada obra de um anônimo.

Quanto à data de composição do texto, a partir da constatação de que a Versificada omite a canonização da santa, há entre alguns estudiosos a tendência de considerá-la anterior à Legenda oficial. Mas o próprio autor afirma que seu trabalho foi o de "polir o texto da história"[16], entendendo-se aqui "texto da história" a Legenda de Santa Clara, já então Legenda oficial. Portanto, o próprio autor declara positivamente que a Versificada é posterior à Legenda oficial.

O fato de a Versificada não narrar a canonização levou alguns estudiosos a datarem a Versificada antes mesmo da Legenda oficial. Como o autor afirma explicitamente que se baseia na Legenda

---

[15] Cf. Legenda Versificada (= LV) 33.

[16] Cf. LV 3, 1.

oficial, criou-se a hipótese de que a Legenda em prosa tivesse tido uma redação anterior à canonização. Mas até hoje não se encontrou nenhum traço da suposta redação anterior da Legenda de Santa Clara. Os dados positivos só permitem afirmar que a Versificada é posterior à Legenda oficial.

Deste modo, sendo uma versificação da Legenda em prosa, ela deve ser datada entre 1256 e 1261, ano da morte de Alexandre IV (25/03/1261), pois tece elevados elogios não a um falecido, mas a um personagem que ainda vive.

No que diz respeito às fontes usadas pelo autor da Versificada, o próprio autor assume que versificou a Legenda oficial. Nada acrescenta em valor histórico, a não ser o detalhe dos anéis abordado acima. A intenção do autor dá ocasião para esta interpretação, quando diz: "polindo o texto da história de acordo com a métrica"[17]. De fato, a estrutura temática segue os grandes passos da Legenda. Nada, porém, descarta a possibilidade de que ele tenha consultado também o Processo e a Bula.

De outro lado, a Versificada não pode ser considerada apenas uma versificação de um texto preexistente, pois o autor a constrói com vocabulário próprio. Por isso, esta obra deve ser considerada uma obra autônoma, pois tem identidade própria.

Quanto à transmissão do texto, só se conhece a versão conservada no códice 338 de Assis. Em 1912, Benvenuto Bughetti a transcreveu, publicando-a no *Archivum Franciscanum Historicum*. Só a partir de então ela se tornou conhecida, embora não muito traduzida. Segundo Frei José Carlos Pedroso, sua tradução teria sido a primeira. Diz este estudioso em 2004: "Não conhecemos nenhuma tradução em outras línguas. A nossa deve ser a primeira"[18].

Embora não traga nenhuma novidade substancial, esta Legenda tem seu valor, pois se alinha a outras na exaltação das grandes virtudes da virgem Santa Clara.

Frei Celso Márcio Teixeira, OFM

---

[17] Cf. LV 3, 1.

[18] Cf. FFC, p. 79.

I
Processo de Canonização de Santa Clara de Assis

Segue o Processo de Canonização de Santa Clara, como o Papa Inocêncio mandou uma carta ao bispo de Espoleto, impondo-lhe que devia pesquisar com diligência e solicitude a respeito da vida, da conversão, do comportamento e dos milagres de Santa Clara, como está contido na Bula abaixo.

Em nome de Nosso Senhor Jesus Cristo. Amém. Eu, Bartolomeu, bispo de Espoleto, recebi uma carta do Santo Padre, o senhor Papa Inocêncio IV, com o seguinte teor:

> Inocêncio, bispo, servo dos servos de Deus, ao venerável irmão Bartolomeu, bispo de Espoleto, saúde e bênção apostólica.
>
> O Deus glorioso[1] em seus santos, que faz e opera sozinho as coisas maravilhosas e grandes, ilustra por seu curso e trânsito com a demonstração em muitos modos maravilhosos dos sinais, os fiéis que ele escolhe para os prêmios da superna glória, para o galardão da bem-aventurança celestial. Dessa maneira, ouvindo falar dos sinais, prodígios e testemunhos de tais e tantas coisas maravilhosas, só possíveis ao poder de Deus, uno na Trindade e trino na Unidade, nós podemos quase que ver a virtude do Altíssimo, e o seu nome grande e maravilhoso pode ser mais reverentemente adorado na terra, pois o seu império permanece eternamente e sua majestade se destaca admiravelmente no excelso.
>
> Atraída por esses desejáveis prêmios, a bem-aventurada virgem Clara, de santa memória, que foi abadessa das pobres monjas reclusas de São Damião, em Assis,

---

[1] A Bula *Gloriosus Deus* tem o original latino guardado no protomosteiro de Assis e foi publicada no Bulário Franciscano (BF I, 687).

atendeu ao que disse o profeta: *Ouve, filha, e vê e inclina teu ouvido: esquece teu povo e a casa do teu pai, pois o Rei desejou a tua beleza* (cf. Sl 44,11-12). Virou as costas para o que é caduco e transitório e, voltando-se para as coisas que tinha à sua frente, esqueceu as de trás e prestou ouvido atento e pronto à voz de Deus. Não perdeu tempo nem demorou em cumprir prestamente o que lhe deleitava ouvir, mas imediatamente, abnegando a si mesma, a seus parentes e a todas as suas coisas, feita já uma adolescente do reino celestial, elegeu e chamou seu esposo Jesus Cristo pobre, Rei dos reis, e devotando-se a Ele totalmente, com a mente e com o corpo em espírito de humildade, prometeu-lhe especialmente estas duas coisas boas como dote: o dom da pobreza e o voto da castidade virginal.

E assim a virgem pudica se uniu aos desejados abraços do esposo virgem, e do leito da intemerata virgindade procedeu a prole casta e fecunda que todos admiram e que, pelo odor de seu comportamento santo e pelo amor de sua profissão salutar, é uma planta celestial que se espalhou por quase todo o mundo e dá frutos abundantes para Deus.

Esta foi a esposa que, enquanto viveu, morta para o mundo, agradou tanto a Deus altíssimo pelas virtudes que desejou e praticou, e por suas santas obras, que, depois de sua morte feliz, e mesmo antes de sair desta vida mortal, começaram a contar que Deus opera na terra muitos e variados milagres por meio dela e de suas preces, pois Deus todo-poderoso, remunerador de todos os bens, na abundância da sua piedade que ultrapassa os méritos e desejos dos que o suplicam, dignou-se piedosamente conceder grandes benefícios aos que o pedem, para a exaltação de seu nome glorioso pelos séculos e pela intercessão dos claros méritos dessa virgem Clara.

Por isso, sendo muito digno e oportuno honrar na Igreja militante aquela que a divina clemência quis tornar venerável diante de seus fiéis pelo dom de tais graças e pela dignidade dos milagres que devemos respeitar, ordenamos por carta apostólica à tua fraternidade que pesquise diligente e solicitamente a verdade sobre sua vida, conversão e comportamento[2], e também sobre os sobreditos milagres e sobre as circunstâncias deles, de acordo com as perguntas que mandamos anexas a esta Bula.

E o que encontrares sobre essas coisas, trata de mandá-lo a nós sob o teu selo, escrito fielmente por público notário, para que a alma daquela que acreditamos já estar alegre no céu, no gozo da estola da imortalidade, seja seguida neste mundo pela multidão dos justos, com dignos louvores.

Dado em São João de Latrão, no dia 18 de outubro do ano undécimo do nosso pontificado.

Por isso eu, Bartolomeu, fui pessoalmente ao Mosteiro de São Damião, recebi os testemunhos sobre a vida, conversão, comportamento e milagres de Dona Clara, de santa memória, ex-abadessa do Mosteiro de São Damião de Assis: os nomes das testemunhas e o que elas disseram está transcrito a seguir.

No dia 24 do mês de novembro, no claustro de São Damião: primeira testemunha, Dona Pacífica de Guelfuccio de Assis; segunda, Dona[3] Benvinda de Perúgia; terceira, Dona Filipa de Messer Leonardo de Gislério; quarta, Dona Amata de Messer Martinho de Corozano; quinta, Dona Cristiana de Messer Cristiano de Parisse; sexta, Dona Cristiana de Bernardo de Suppo; sétima, Dona Benvinda de Opórtulo de Alessandro; oitava, Dona Francisca de Messer Capitaneo de Coldimezzo; nona, Dona Beatriz de Messer Favarone de Assis, irmã de Santa Clara; décima, Dona Cecília de Spello; undécima, Dona Balbina de Messer Martinho de Corozano; décima segunda, Dona Inês de Messer Opórtulo; décima terceira, Dona Lúcia de Roma, monjas do dito Mosteiro de São Damião, juraram dizer a verdade sobre a vida, conversão, comportamento e milagres da predita Santa Clara[4].

---

[2] "Vida" refere-se ao período leigo, "conversão" é o ato pelo qual passou para a vida religiosa e "comportamento" (*conversatio*) refere-se à maneira de viver como religiosa.

[3] No Processo, os senhores são chamados de Messer (meu senhor; *meus senior*) e as senhoras de Madonna (minha senhora, *mea domina*).

[4] Essa lista foi anotada antes do interrogatório e não combina exatamente com a ordem e as pessoas que testemunharam. Depois, ainda foram interrogadas mais cinco pessoas leigas.

Na presença das seguintes testemunhas: Messer Leonardo, arcediago de Espoleto; Messer Tiago, arcipreste de Trevi; Frei Leão, Frei Ângelo de Rieti e Frei Marcos dos Frades Menores, e do senhor Martinho, notário.

Na presença do venerável padre Messer Bartolomeu, bispo de Espoleto.

1ª testemunha

Sobre a vida de Santa Clara na casa de seu pai

1 Irmã *Pacífica de Guelfuccio* de Assis, monja do Mosteiro de São Damião, disse sob juramento que conheceu Santa Clara enquanto esteve no século na casa de seu pai; e que era tida por todos os que a conheciam como pessoa de grande honestidade e de vida muito boa; e que se dedicava e se ocupava com as obras de piedade.

Sobre a sua conversão

2 E disse que Santa Clara, por exortação de São Francisco, começou a Ordem que agora está em São Damião e que ela aí entrou virgem e assim virgem permaneceu para sempre.

Interrogada sobre como sabia dessas coisas, respondeu que, quando estava no século, era sua vizinha e meio parente, uma vez que entre a sua casa e a da virgem Clara não havia nada senão a praça, e que muitas vezes a testemunha se entretinha com ela.

3 E disse que Dona Clara amava muito os pobres; e, por seu bom proceder, todos os cidadãos a tinham em grande veneração.

Interrogada sobre quanto tempo fazia que a virgem Clara tinha abandonado o mundo, disse que eram cerca de 42 anos. – Interrogada sobre como sabia disso, respondeu que entrou na Religião com ela e que a servia quase de dia e de noite, a maior parte do tempo.

4 Também disse que a sobredita Dona Clara era de nobre nascimento, e filha de pai e mãe honestos, e que seu pai foi cavaleiro e se chamou Messer Favarone, mas ela não chegou a conhecê-lo. Mas a mãe ela conheceu, e se chamava Dona Hortolana; a qual Dona Hortolana esteve em viagem além-mar por motivo de oração e devoção. E a testemunha esteve além-mar com ela, também por motivo de oração; e também foram juntas a Santo Ângelo e a Roma. E disse que ela tinha gosto de visitar os pobres.

Interrogada sobre como sabia essas coisas, respondeu: porque era sua vizinha e tinha estado com ela como foi dito acima.

5 Também disse que Dona Hortolana veio depois para a mesma Religião que sua santa filha e bem-aventurada Clara e nela viveu com as outras Irmãs com muita humildade; e na mesma, ornada por santas e religiosas obras, passou desta vida.

6 A testemunha também disse que, 3 anos depois que a sobredita Dona Clara entrou na Religião, recebeu o regimento e o governo das Irmãs, a pedido e por insistência de São Francisco, que praticamente a obrigou. – Interrogada sobre como sabia disso, respondeu que estivera presente.

Sobre o seu procedimento no mosteiro

7 A testemunha também disse que a bem-aventurada madre passava tantas noites acordada em oração e fazia tantas abstinências que as Irmãs ficavam com pena e se lamentavam; e disse que ela mesma tinha chorado por causa disso algumas vezes. – Interrogada sobre como sabia disso, respondeu: "Porque vi quando Dona Clara estava deitada no chão, com a cabeça numa pedra do rio, e a escutava quando estava em oração".

8 E disse que era tão severa nos alimentos que as Irmãs se admiravam de como o seu corpo vivia. Também afirmou que a referida bem-aventurada Clara, durante muito tempo, ficou três dias da semana sem comer coisa alguma, nas segundas, quartas e sextas. E disse que nos outros dias fazia tanta abstinência, que caiu em certa enfermidade, pelo que São Francisco, de acordo com o bispo de Assis, mandou-lhe que naqueles três dias comesse pelo menos meio pãozinho por dia, o que pode dar mais ou menos uma onça e meia.

9 Também disse que a bem-aventurada madre era assídua e solícita na oração, ficando muito tempo deitada por terra, humildemente prostrada. E quando saía da oração exortava e confortava as Irmãs, dizendo sempre palavras de Deus, que estava sempre em sua boca, pois não queria falar nem ouvir sobre coisas vãs. E quando ela saía da oração, as Irmãs se alegravam como se ela estivesse vindo do céu. – Interrogada sobre como sabia dessas coisas, respondeu: "Porque morava com ela".

10 Também disse que a sobredita Dona Clara, quando mandava às Irmãs que fizessem alguma coisa, fazia-o com muito respeito e humildade e, a maior parte das vezes, preferia fazer ela mesma em vez de mandar as outras.

11 Também disse que, depois que ela ficou doente de não poder levantar-se da cama, fazia com que a erguessem para ficar sentada e sustentada com alguns panos por trás das costas e fiava, tanto que com o seu trabalho fez confeccionar corporais e os enviou para quase todas as igrejas da planície e dos montes de Assis. – Interrogada sobre como sabia dessas coisas, respondeu que a viu fiando e fazendo o pano e quando as Irmãs os costuravam, e eram mandados por mãos dos frades às sobreditas igrejas e eram dados aos sacerdotes que lá apareciam.

12 Também disse que a bem-aventurada madre era humilde, benigna e amável para com suas Irmãs, e tinha compaixão das doentes; e que, enquanto ela teve saúde, as servia e lhes lavava os pés e derramava água em suas mãos; e, algumas vezes, lavava as cadeiras sanitárias das enfermas. – Interrogada sobre como sabia disso, respondeu que ela mesma o viu diversas vezes.

13 Também disse que amava de modo particular a pobreza, pois nunca pôde ser levada a querer alguma coisa própria nem a receber posse, nem para ela nem para o mosteiro. – Interrogada sobre como sabia disso, respondeu que viu e ouviu que o senhor Papa Gregório, de santa memória, quis dar-lhe muitas coisas e comprar propriedades para o mosteiro, mas ela nunca quis concordar.

14 Também disse que a predita Dona Clara era tão solícita quanto à observância de sua Ordem e quanto ao governo de suas Irmãs quanto alguém pode sê-lo na guarda de seu tesouro temporal. – E essas coisas, disse, sabia-as porque sempre tinha estado com ela cerca de 40 anos e mais, exceto um ano em que por licença da bem-aventurada madre esteve no Mosteiro do Vale da Glória, de Spello, para dar formação às Irmãs do referido lugar.

O milagre do azeite

15 A testemunha também disse que a vida da predita bem-aventurada Clara foi cheia de milagres. Pois, uma vez, tendo faltado azeite no mosteiro, como não tinham mais nada, a bem-aventurada madre chamou um frade da Ordem dos menores que ia pedir esmolas para elas, chamado Frei Bentevenga, e lhe disse que fosse procurar azeite. Ele respondeu que lhe preparassem o vasilhame. Então Dona Clara tomou um vaso, lavou-o com suas próprias mãos e colocou-o sobre uma mureta que ficava perto da saída da casa para que o frade o pegasse.

E tendo esse vaso ficado ali por uma horinha, quando o Frei Bentevenga foi procurá-lo, encontrou-o cheio de azeite. Investigaram diligentemente e não descobriram quem o tinha colocado. – Interrogada sobre como sabia disso, respondeu que estava em casa e viu quando a senhora levou o vaso vazio e o trouxe cheio. E dizia que não sabia quem o podia ter enchido, nem como tivesse sido enchido. E Frei Bentevenga dizia a mesma coisa.

Interrogada sobre o tempo em que isso aconteceu, respondeu que foi lá pelo segundo ano depois que vieram morar no Mosteiro de São Damião. – Interrogada sobre o mês e o dia respondeu que não se lembrava. – Interrogada se tinha sido no verão ou no inverno disse que foi no verão. – Interrogada sobre as Irmãs que estavam presentes, disse que tinham sido a Irmã Inês, irmã de Santa Clara e recentemente falecida, a Irmã Balbina, que foi abadessa do Mosteiro do Vale da Glória, que também já morreu, e a Irmã Benvinda de Perúgia, que ainda vive.

E jurou sobre essas coisas, e também disse que ela, testemunha, não poderia explicar com sua língua os milagres e as virtudes que o Senhor tinha mostrado através da bem-aventurada Clara.

Como Santa Clara curou cinco Irmãs enfermas com o sinal da cruz

16 A testemunha também disse que uma vez, estando doentes cinco Irmãs no mosteiro, Santa Clara fez sobre elas o sinal da cruz com a sua mão, e imediatamente ficaram todas curadas. E muitas vezes, quando alguma das Irmãs tinha alguma dor na cabeça ou em alguma outra parte do corpo, a bem-aventurada madre as livrava com o sinal da cruz.

Interrogada sobre como sabia dessas coisas, respondeu que esteve presente. – Interrogada sobre quem eram as cinco Irmãs, respondeu que ela, testemunha, foi uma delas, e das outras algumas tinham morrido e algumas viviam, mas não se lembrava quais eram.

Interrogada sobre quanto tempo antes a testemunha tinha ficado doente, respondeu: Muito tempo. – Interrogada sobre qual era a doença, respondeu que era uma enfermidade que a fazia ranger os dentes, ter muito frio e tremer.

Interrogada sobre as outras que tinham sido curadas quanto tempo antes tinham ficado doentes, respondeu que não se lembrava das outras como dela mesma. – Interrogada em que tempo as referidas Irmãs foram curadas, disse: Antes que a senhora ficasse doente.

17 Interrogada desde quando tinha começado essa longa enfermidade de Santa Clara, respondeu que se pensava que fossem 29 anos.

18 E também disse que o remédio dela e das outras Irmãs, quando ficavam doentes, era que a sua santa madre fazia sobre elas o sinal da cruz. – Interrogada sobre as palavras que Dona Clara costumava dizer quando fazia o sinal da cruz, respondeu que não as entendiam, pois falava muito baixinho.

19 Interrogada sobre o mês e o dia em que ela, testemunha, tinha sido curada e também as outras Irmãs, respondeu que não se lembrava. – Interrogada sobre quem estava presente quando foram curadas, respondeu que tinham sido muitas Irmãs, mas quantas e quais ela não lembrava.

2ª testemunha

1 Irmã *Benvinda de Perúgia*, monja do Mosteiro de São Damião, disse sob juramento que Dona Clara, outrora abadessa do referido Mosteiro de São Damião, foi de maravilhosa humildade e tinha tão grande desprezo de si que fazia ela mesma as obras mais vis. Assim, limpava as cadeiras das Irmãs enfermas com suas próprias mãos. – Interrogada sobre como sabia dessas coisas, respondeu que entrou na Religião no mesmo ano que ela, mas ela entrou na segunda-feira santa e a testemunha entrou depois, no mês de setembro.

2 Interrogada sobre a idade de Santa Clara quando entrou na Religião, respondeu que era da idade de 18 anos ou por aí, conforme se dizia; e era tida como virgem no ânimo e no corpo, e era tida em muita veneração por todos quantos a conheciam, mesmo antes de entrar na Religião. E isso era pela sua muita honestidade, benignidade e humildade. – Interrogada sobre como sabia dessas coisas, respondeu que tinha tido informação sobre ela antes de entrar na Religião, e que esteve com ela na mesma casa. E desde que entrou na Religião esteve com ela até sua morte, isto é, quase por 42 anos, exceto o predito tempo, isto é, de segunda-feira santa até setembro.

O comportamento de Santa Clara no mosteiro

3 E a testemunha disse que, desde que a madre Santa Clara entrou na Religião, foi de tanta humildade que lavava os pés das Irmãs. E que uma vez, lavando os pés de uma serviçal, inclinou-se, querendo beijar-lhe os pés. E a serviçal, puxando o pé, bateu desajeitadamente com ele na boca da bem-aventurada madre. Além disso, a bem-aventurada Clara derramava água nas mãos das Irmãs e, de noite, cobria-as por causa do frio.

4 Também era de tanta aspereza no seu corpo que se contentava com uma só túnica de pano rude e um manto. E, se alguma vez via alguma túnica das Irmãs que era mais vil do que a que ela estava usando, tomava-a para si e dava à Irmã a sua melhor.

5 A testemunha também disse que a bem-aventurada Clara, uma vez, mandou fazer uma certa veste de couro de porco e a usava com os pelos e pelugens cortados junto da carne; e a levava escondida embaixo da túnica de pano rude.

Semelhantemente, uma outra vez mandou fazer mais uma roupa de pelos de cauda de cavalo e, fazendo depois umas cordinhas, com estas apertava-a junto ao seu corpo. Afligia desse modo a sua carne virginal com esses cilícios. E disse que ainda havia uma dessas vestes no mosteiro.

6 Também disse que, embora usasse cilícios e vestidos tão ásperos para ela mesma, era muito misericordiosa com as Irmãs que não podiam suportar tal aspereza, e de boa vontade lhes dava consolação.

7 Interrogada sobre como sabia dessas roupas, respondeu que as tinha visto, pois ela as emprestava algumas vezes a certas Irmãs. Não se lembrava de ter visto o cilício de couro: ouviu falar dele por uma sua irmã de sangue, que disse que o tinha visto. Mas que ela o usava, como se dizia, muito escondidamente, para não ser repreendida pelas Irmãs. Mas depois que a senhora ficou doente, as Irmãs lhe tiraram essas roupas tão ásperas.

8 Também disse que a sobredita madre bem-aventurada Clara, antes de ficar doente, fazia tantas abstinências que na Quaresma maior e na de São Martinho sempre jejuava a pão e água, exceto nos domingos, quando tomava um pouco de vinho, se havia. E três dias por semana: na segunda-feira, quarta e sexta, não comia coisa alguma, até que São Francisco lhe mandou que, de qualquer jeito, comesse todos os dias um pouco; então, para obedecer, tomava um pouco de pão com água. – Interrogada sobre como sabia disso, disse que o tinha visto e estava presente quando São Francisco lhe deu essa ordem.

9 A testemunha também disse que a predita madre Santa Clara era muito assídua na oração de dia e de noite; e lá pela meia-noite ela acordava as Irmãs em silêncio, com certos sinais, para louvar a Deus. Ela acendia as lâmpadas na igreja e, muitas vezes, tocava o sino para as Matinas. E chamava com seus sinais as Irmãs que não se levantavam com o toque do sino.

10 Também disse que o seu assunto era sempre de coisas de Deus e não queria falar de coisas seculares nem queria que as Irmãs as lembrassem. E se alguma vez acontecia de alguma pessoa mundana ter feito alguma coisa contra Deus, ela maravilhosamente chorava e exortava a pessoa e lhe pedia solicitamente que voltasse à penitência. – Interrogada sobre como sabia dessas coisas, respondeu: "Porque estava junto e via essas coisas".

11 E disse que Dona Clara se confessava muitas vezes e com grande devoção e tremor recebia frequentemente o santo sacramento do Corpo de Nosso Senhor Jesus Cristo, tanto que, quando o recebia, ficava toda trêmula.

12 Dos corporais feitos com o que fiava, disse o mesmo que tinha sido dito por Irmã Pacífica, testemunha já ouvida. Mas acrescentou que ela mandou fazer bolsas de cartão para guardá-los, as fez forrar de seda e mandou benzê-las pelo bispo.

Como libertou uma Irmã que tinha perdido a voz

13 Também disse que, tendo a testemunha perdido a voz, tanto que mal podia falar baixo, na noite da Assunção da Virgem Maria teve uma visão em que a referida Dona Clara, fazendo-lhe com sua mão um sinal da cruz, a libertava. E assim foi feito: naquele mesmo dia ficou livre logo que recebeu o sinal da cruz. E disse que essa enfermidade tinha durado quase 2 anos. – Interrogada sobre quanto tempo fazia que a Irmã tinha sido libertada, respondeu que não se lembrava. – Interrogada sobre quem estava presente, respondeu que a citada Irmã Pacífica, que testemunhou acima, e algumas outras Irmãs, que já eram falecidas.

14 Também sobre o vaso de óleo ele disse que Irmã Pacífica tinha dito, exceto que não se lembrava se Santa Clara lavou ela mesma o vaso ou mandou alguém lavar.

Como libertou um frade de insânia

15 A referida testemunha também disse que, tendo ficado doente de insânia um certo frade da Ordem dos Frades Menores, que se chamava Frei Estêvão, São Francisco mandou-o ao Mosteiro de São Damião, para que Santa Clara fizesse sobre ele o sinal da cruz. Quando o fez, o frade dormiu um pouco no lugar onde a santa madre costumava rezar; depois, quando acordou, comeu um pouco e foi embora curado. – Interrogada sobre quem esteve presente a isso, respondeu que foram as Irmãs do mosteiro, das quais algumas estavam vivas e outras tinham falecido. – Interrogada se conhecia antes aquele frade e quantos dias antes o tinha visto enfermo e quanto tempo depois foi visto são e sobre o lugar de onde era nativo, respondeu sobre todas essas coisas que não sabia, porque estava reclusa, e aquele Frei Estêvão, depois que foi curado, foi embora seguindo o seu caminho.

A libertação da chaga das fístulas

16 Disse também a testemunha que uma Irmã do referido mosteiro, chamada Irmã Benvinda de Dona Diambra, estava gravemente enferma e sofria grande dor por causa de uma chaga que tinha embaixo do braço. E, sabendo disso, a piedosa madre Santa Clara, tendo grande compaixão, pôs-se a rezar por ela. E depois, fazendo sobre ela o sinal da cruz, foi imediatamente curada. – Interrogada sobre como sabia disso, respondeu que viu primeiro a chaga e depois a viu curada. – Interrogada se estava presente quando ela fez o sinal da cruz, disse que não, mas ouviu que tinha sido assim e que ela o tinha feito. – Interrogada sobre quando foi isso, disse que não se lembrava do dia nem do mês nem quantos dias antes nem quantos depois. Mas que a viu curada e livre logo depois daquele dia em que se dizia que Santa Clara lhe tinha feito o sinal da cruz.

17 A testemunha também disse que naquele lugar, onde Dona Clara costumava entrar para a oração, ela viu por cima um grande esplendor, tanto que pensou que fosse chama de fogo material. – Interrogada sobre quem o viu além dela, respondeu que nessa ocasião só ela o viu. – Interrogada sobre quanto tempo antes tinha sido isso, respondeu que foi antes que a dita senhora ficasse doente.

Como um menino foi libertado de uma pedra

18 Também disse que um menino da cidade de Espoleto, chamado Mateusinho, de 3 ou 4 anos de idade, meteu uma pedrinha pequenina em uma das narinas, de forma que não dava para tirá-la de modo algum; e o menino parecia estar em perigo. Levado a Santa Clara, ela fez sobre ele o sinal da cruz, e a pedra lhe caiu na mesma hora do nariz, e o menino ficou curado. – Interrogada sobre quem estava presente, respondeu que foram várias Irmãs, que agora já morreram. – Interrogada sobre quanto tempo fazia, respondeu que não se lembrava, pois não estava presente quando a santa madre lhe fez o sinal da cruz. Mas afirmava que o sabia por ter ouvido as outras Irmãs contarem e que viu o menino curado no mesmo dia, ou no dia seguinte ao da cura.

19 Também disse que não achava que ela, nem nenhuma das Irmãs, podia contar plenamente a santidade e a grandeza da vida de Dona Clara, de santa memória, a não ser que tivesse o Espírito Santo que a fizesse falar. A qual, mesmo quando estava gravemente doente, nunca quis deixar suas orações costumeiras.

Como o mosteiro foi libertado dos sarracenos pelas orações de Santa Clara

20 Também disse que, uma ocasião, no tempo da guerra de Assis, tendo alguns sarracenos subido ao muro e saltado na parte de dentro do claustro de São Damião, a referida santa madre Dona Clara, que estava então gravemente enferma, levantou-se da cama e mandou chamar as Irmãs, confortando-as para que não tivessem medo. E tendo feito uma oração, o Senhor libertou dos inimigos o mosteiro e as Irmãs. E os sarracenos que já tinham entrado foram embora.

21 Também disse que, pelas virtudes e graças que Deus tinha posto nela, todos os que a conheciam a tinham como santa.

22 Também disse que ela teve um amor tão especial pela pobreza que nem o Papa Gregório nem o bispo de Óstia puderam jamais fazer com que ela ficasse contente de receber alguma posse. Antes, a bem-aventurada Clara fez vender sua herança e dá-la aos pobres. – Interrogada sobre como sabia dessas coisas, respondeu que estava presente e ouviu quando lhe foi dito pelo referido senhor papa que quisesse receber as posses; o qual papa veio pessoalmente ao Mosteiro de São Damião.

23 Também disse que a predita madre Santa Clara conheceu por espírito que uma de suas Irmãs, chamada Irmã Andreia, estava com a garganta inflamada e, uma noite, a apertou com as próprias mãos, vindo a perder a fala. Por isso, mandou imediatamente uma Irmã levar-lhe socorro e ajuda.

3ª testemunha

1 Irmã *Filipa, filha do falecido Messer Leonardo de Gislério*, monja do Mosteiro de São Damião, disse sob juramento que, 4 anos depois que a santa veio para a Religião por pregação de São Francisco, a testemunha entrou na mesma Religião, porque a predita santa lhe fez ver como Nosso Senhor Jesus Cristo suportou a paixão e morreu na cruz pela salvação do gênero humano. E assim a testemunha, compungida, consentiu em estar na Religião e fazer penitência junto dela. E esteve com a predita Dona Clara desde aquele tempo até o dia de sua morte, quase por 38 anos.

2 E disse que foi tão grande a santidade de vida e a honestidade dos costumes da bem-aventurada madre que nem ela nem nenhuma das Irmãs poderia explicar plenamente. Mas que Dona Clara, como foi virgem desde a infância, assim virgem permaneceu escolhida pelo Senhor. E que não há nenhuma dúvida nem por parte da testemunha nem por parte das outras Irmãs sobre a sua santidade.

Ainda mais que antes de Santa Clara entrar na Religião era tida por santa por todos os que a conheciam. E isso era pela sua muita honestidade de vida, e pelas muitas virtudes e graças que o Senhor tinha posto nela.

Do comportamento de Santa Clara no mosteiro

3 E esta testemunha também disse que, desde que Santa Clara entrou na Religião, o Senhor aumentou suas virtudes e graças, mas que ela sempre foi muito humilde e devota, benigna e muito amante da pobreza, tendo compaixão das aflitas.

Era assídua na oração, e tanto seu comportamento como seu falar eram sobre as coisas de Deus, tanto que nunca prestava sua língua e seus ouvidos às coisas mundanas.

4 Castigava o seu corpo com roupas ásperas, tendo algumas vezes vestes feitas de cordas de crina ou de cauda de cavalo. E tinha uma túnica e uma capa de vil burel. Sua cama era de sarmentos de videira, e ficou contente com isso durante algum tempo.

5 Também afligia o seu corpo, ficando sem comer coisa alguma três dias da semana, isto é, na segunda, quarta e sexta-feira; e nos outros dias jejuava a pão e água.

6 Apesar disso, estava sempre alegre no Senhor e jamais era vista perturbada, e sua vida era toda angélica. E o Senhor lhe havia dado tanta graça que, muitas vezes, quando suas Irmãs ficavam doentes, a bem-aventurada as curava, fazendo o sinal da cruz com sua mão.

7 Também disse que a bem-aventurada madre teve a graça especial de muitas lágrimas, pois tinha grande compaixão pelas Irmãs e pelos aflitos. E derramava muitas lágrimas, especialmente quando recebia o corpo de Nosso Senhor Jesus Cristo.

8 Interrogada sobre como sabia dessas coisas, respondeu: porque a testemunha foi a terceira Irmã de Dona Clara e a conhecia desde a sua infância, e desde esse tempo em diante sempre esteve com ela e viu as coisas que foram ditas.

9 Também disse que foi tanta a humildade da bem-aventurada madre que desprezava completamente a si mesma. Punha as outras Irmãs à sua frente, fazendo-se inferior a todas, servindo-as, derramando água em suas mãos e até lavando os pés das serviçais.

Foi assim que, uma vez, lavando os pés de uma serviçal do mosteiro, quis beijar-lhe os pés, mas ela tirou o pé pouco discretamente e, ao puxá-lo, bateu com ele na boca da santa madre. Apesar disso, por sua humildade, ela não se incomodou, mas beijou a planta do pé da referida serviçal. – Interrogada sobre como sabia dessas coisas, respondeu que as vira, pois estivera presente.

De uma Irmã que foi curada de uma fístula

10 Interrogada sobre quem foram aquelas Irmãs curadas pela bem-aventurada Clara com o sinal da cruz, a testemunha disse que foi a Irmã Benvinda de Dona Diambra, a qual, tendo tido por 12 anos embaixo do braço uma chaga grande, que chamavam de fístula, quando a predita senhora lhe fez o sinal da cruz com a oração do Senhor, isto é, o Pai-nosso, foi libertada dessa chaga.

11 Também disse que a Irmã Amata, monja do dito mosteiro, estava gravemente enferma de hidropisia e de febre e tinha o ventre grandíssimo. Tendo recebido da santa madre o sinal da cruz, e tocada por suas mãos, no dia seguinte estava curada, tanto que ficou com o corpo pequeno, como o de uma pessoa bem sadia. – Interrogada sobre como o sabia, respondeu que viu quando a santa madre lhe fez o sinal da cruz e a tocou, e viu que tinha estado durante muito tempo doente, e no dia seguinte a viu curada.

12 Sobre a cura de Frei Estêvão disse o mesmo que tinha sido dito pela Irmã Benvinda, testemunha acima.

13 Também disse que foi tão amante da pobreza que, quando os esmoleres do mosteiro traziam por esmola pães em bom estado, ela os repreendia e os pegava, dizendo: "Quem lhes deu estes pães bons?" E dizia isso porque gostava mais de receber por esmola os pães roídos do que os inteiros.

14 E nunca pôde ser induzida nem pelo papa nem pelo bispo de Óstia a receber posse alguma. E honrava com muita reverência o Privilégio da Pobreza, que lhe tinha sido concedido, e o guardava bem e com diligência, temendo que se perdesse.

Como Santa Clara libertou um menino da febre

15 A referida testemunha também disse que um menino, filho de Messer João do Mestre João, procurador das Irmãs, tinha uma febre grave. Foi levado à predita madre Santa Clara e, quando recebeu dela o sinal da cruz, ficou livre. – Interrogada sobre como o sabia, respondeu: "Porque estive presente quando veio o menino e quando a bem-aventurada madre o tocou e lhe fez o sinal da cruz". – Interrogada se o menino estava então com febre, e se ela o viu depois de curado, respondeu que parecia, e assim se dizia que ele estava então com febre e que depois não o viu mais, porque o menino foi embora do mosteiro; mas o seu pai lhe disse que ficou imediatamente curado.

Como libertou Irmã Andreia de uma inflamação

16 A testemunha também disse que uma das Irmãs, chamada Irmã Andreia de Ferrara, sofria de uma inflamação na garganta, e a predita Dona Clara soube por espírito que ela era muito tentada por querer ficar curada. Daí, uma noite, estando a Irmã Andreia embaixo no dormitório, apertou a garganta de tal modo e tão fortemente com as próprias mãos que perdeu a fala. E foi isso que a santa madre soube em espírito. Por isso, chamou imediatamente a testemunha, que dormia ali perto, e lhe disse: "Vá depressa lá embaixo no dormitório, porque a Irmã Andreia está gravemente enferma; esquente um ovo e dê para que ela o beba; e quando tiver recuperado a fala, traga-a para mim". E assim foi feito.

E procurando a senhora saber da Irmã Andreia o que ela tinha tido ou tinha feito, a Irmã Andreia não o queria dizer. Por isso, a referida senhora lhe disse tudo direitinho como tinha acontecido. E isso foi divulgado entre as Irmãs.

Como libertou uma Irmã da surdez e o mosteiro dos sarracenos

17 A testemunha também disse que Dona Clara libertou uma Irmã, chamada Irmã Cristiana, da surdez de um ouvido, coisa que tinha suportado por muito tempo.

18 Também disse que, no tempo da guerra de Assis, temendo muito as Irmãs a chegada dos tártaros e sarracenos e outros inimigos de Deus e da santa Igreja, a predita bem-aventurada madre começou a confortá-las, dizendo: "Minhas Irmãs e minhas filhas, os inimigos não poderão fazer-nos mal. Confiem no Senhor nosso Jesus Cristo, porque Ele nos livrará. Quero ser eu a sua garantia de que não vão fazer nenhum mal. E se eles vierem, coloquem-me diante deles".

Por isso, um dia, chegando os inimigos para destruir a cidade de Assis, alguns sarracenos subiram ao muro do mosteiro e desceram no claustro. As preditas Irmãs ficaram com um medo enorme. Mas a santíssima madre confortava a todas elas e fazia pouco das forças deles, dizendo: "Não fiquem com medo. Eles não podem nos fazer mal". E, dito isso, recorreu ao auxílio da costumeira oração. E foi tanta a força dessa oração que os inimigos sarracenos foram embora sem fazer mal algum, como se tivessem sido expulsos, tanto que não tocaram em ninguém da casa. – Interrogada sobre como sabia dessas coisas, respondeu: "Porque estava presente". – Interrogada sobre o mês e o dia, disse que não se lembrava.

19 Também disse que, quando Vital de Aversa, mandado pelo imperador com grande exército, veio sitiar a cidade de Assis, havia muito medo, conforme tinha sido referido à Dona Clara, de que a cidade fosse tomada e enfrentasse perigos, pois Vital tinha dito que não iria embora enquanto não tomasse a cidade. Quando soube dessas coisas, a senhora, confiando no poder de Deus, fez chamar todas as Irmãs e mandou trazer cinza, com a qual cobriu toda a sua cabeça, que tinha mandado raspar. E depois, ela mesma pôs cinza na cabeça de todas as Irmãs e mandou que fossem todas rezar para que o Senhor libertasse a cidade.

E assim foi feito, pois no dia seguinte, de noite, o referido Vital foi embora com todo o seu exército.

20 A testemunha também disse que, estando a predita senhora e santa madre perto da morte, uma noite, antes do sábado, a bem-aventurada madre começou a falar dizendo assim: "Vai segura em paz, pois terás boa escolta; pois aquele que te criou, antes te santificou; e como te criou, colocou em ti o Espírito Santo e sempre te guardou como a mãe guarda o seu filhinho a quem ama". E acrescentou: "Vós, Senhor, sejais bendito, pois me criastes". E disse muitas coisas, falando da Trindade, tão baixinho que as Irmãs não conseguiam entender bem.

21 E dizendo a testemunha a uma Irmã que ali estava: "Você, que tem boa memória, guarde bem na cabeça o que a senhora está dizendo", a senhora ouviu e disse às Irmãs que estavam presentes: "Vocês vão conseguir lembrar estas coisas que estou dizendo na medida em que o conceder Aquele que me faz dizê-las".

22 Também uma Irmã, chamada Irmã Anastácia, perguntou à senhora com quem ou a quem falava, quando disse as primeiras palavras acima referidas. Ela respondeu: "Falo com a minha alma".

23 E a testemunha acrescentou que, durante toda a noite do dia em que ela passou desta vida, exortou as Irmãs pregando-lhes. E no fim, fez a sua confissão, tão bela e boa que a testemunha nunca tinha ouvido semelhante. E se confessou, porque duvidava de talvez ter ofendido em alguma coisa a fé prometida no batismo.

24 E o senhor Papa Inocêncio veio visitá-la, quando estava gravemente doente. Então ela disse às Irmãs: "Louvem a Deus, minhas filhinhas, pois o céu e a terra não bastarão para tão grande benefício que recebi de Deus, pois o recebi hoje no Santo Sacramento e também o vi em seu vigário".

Interrogada sobre como sabia dessas coisas, respondeu: "Porque vi e estava presente". – Interrogada sobre quanto tempo antes da morte de Dona Clara aconteceu isso, respondeu: "Poucos dias".

25 A referida testemunha também disse que Dona Clara foi tão solícita na contemplação que, na Sexta-feira Santa, pensando na paixão do Senhor, ficou como que insensível durante todo aquele dia e grande parte da noite seguinte.

26 Do vaso de óleo disse o mesmo que tinham dito sob juramento as testemunhas acima por terem ouvido.

27 Também interrogada sobre as outras Irmãs que foram curadas, respondeu que muitas tinham sido curadas, mas agora já tinham morrido.

Sobre presságios de coisas futuras

28 A referida testemunha também disse que Dona Clara referiu às Irmãs que, quando sua mãe a estava esperando, foi à igreja e, estando diante da cruz a orar atentamente, pedindo a Deus que a socorresse e ajudasse no perigo do parto, ouviu uma voz que lhe disse: "Parirás uma luz que vai iluminar o mundo".

29 Referia também Dona Clara que uma vez, em visão, parecia que levava a São Francisco um vaso com água quente, com uma toalha para enxugar as mãos. E subia por uma escada alta. Mas andava tão levemente como se caminhasse sobre terra plana. E quando chegou a São Francisco, o santo tirou de seu seio uma mama e disse à virgem Clara: "Vem, recebe e mama". E tendo ela mamado, o santo a exortava a que mamasse mais uma vez; e quando ela mamou, aquilo que sugava era tão doce e agradável que não conseguiria explicar de nenhum modo.

E depois que mamou, aquela coisa redonda, ou bico do seio, de onde sai o leite, ficou entre os lábios da bem-aventurada Clara.

E ela pegou com as mãos aquilo que tinha ficado em sua boca, e parecia-lhe que fosse ouro tão claro e lúcido que ela se enxergava inteira, como se fosse num espelho.

A admirável audição de Santa Clara

30 Narrava ainda a sobredita Dona Clara como, na noite do Natal do Senhor próximo passado, não podendo ela por grave enfermidade levantar-se da cama para ir à capela, as Irmãs foram todas a Matinas segundo o costume, deixando-a sozinha. Então a senhora disse, suspirando: "Ó Senhor Deus, deixaram-me sozinha neste lugar". Então começou a ouvir os órgãos e responsórios e todo o ofício dos frades na Igreja de São Francisco, como se lá estivesse presente.

31 A testemunha referiu esses e muitos outros milagres por dito e ouvido da sobredita Dona Clara, que foi a primeira madre e abadessa do Mosteiro de São Damião, e foi a primeira dessa Ordem. Nobre por geração e parentela, e rica nas coisas do mundo, a qual amou tanto a pobreza que vendeu toda a sua herança e a distribuiu aos pobres. E amou tanto a Ordem que não quis nunca deixar de cumprir a mínima coisa sobre a observância da sobredita Ordem, mesmo quando estava doente.

32 E no fim de sua vida, tendo chamado todas as suas Irmãs, recomendou-lhes cuidadosamente o Privilégio da Pobreza. E como desejava enormemente que a regra da Ordem fosse bulada, mesmo que tivesse que pôr essa Bula na boca em um dia e morrer no dia seguinte, assim lhe aconteceu, pois veio um frade com a carta bulada, que ela tomou reverentemente e, embora estivesse à morte, colocou ela mesma aquela Bula na boca para beijá-la.

E depois, no dia seguinte, a predita Dona Clara passou desta vida para o Senhor, verdadeiramente Clara sem mácula, sem escuridão do pecado, foi para a claridade da luz eterna. Do que não têm dúvida nem a testemunha nem as Irmãs e nenhum dos outros todos que conheceram a sua santidade.

4ª testemunha

1 Irmã *Amata de Messer Martinho de Cocorano*, monja do Mosteiro de São Damião, fez o juramento e disse: Que fazia 25 anos que estava nesta Religião, e conheceu Santa Clara. A testemunha entrou na Religião por admoestação e exortação da Santa. A qual lhe dizia que tinha pedido a Deus por ela a graça de não permitir que fosse enganada pelo mundo e que não permanecesse no século. A testemunha era sobrinha carnal da Santa, a quem teve como mãe.

2 Conhecia seu comportamento e tinha ouvido contar como ela se convertera e tinha entrado na Religião por exortação e pregação de São Francisco. Mas que antes disso já era tida como santa por todos os que a conheciam, por causa das muitas graças e virtudes que Deus lhe dera, como ouvia contar a seu respeito pela fama pública.

3 Desde que a testemunha entrou na Religião, sempre esteve com ela; por isso, conheceu a santidade de seu comportamento, santidade que ela era incapaz de expressar, pois consistia nos dons de Deus e nas virtudes que Deus lhe dera, porque ela tinha o conjunto de todas as virtudes: a mais alta virgindade, a benignidade, a mansidão, a compaixão para com suas Irmãs e para com os outros.

4 Era assídua na oração e na contemplação. Quando saía da oração, seu rosto parecia mais claro e mais bonito do que o sol, e suas palavras exalavam uma doçura inenarrável, tanto que sua vida parecia toda celestial.

5 Era tão estrita na sobriedade dos alimentos que parecia alimentada pelos anjos. Castigava tanto o seu corpo que, em três dias da semana, isto é, segunda, quarta e sexta, não comia coisa alguma e nos outros jejuava a pão e água, até que São Francisco mandou que tomasse alguma coisa nesses dias em que não comia nada. Então, para obedecer, comia um pedaço de pão e bebia um pouco de água.

6 Quanto à aspereza de suas roupas e de seu leito, disse o mesmo que a Irmã Filipa, testemunha citada acima.

Como foi libertada da febre, da tosse e da hidropisia

7 A testemunha também disse que, estando ela mesma gravemente enferma de hidropisia, febre e tosse e com dor de um lado, Santa Clara fez sobre ela o sinal da cruz com sua mão e a libertou na mesma hora.

Interrogada sobre as palavras que a santa dizia, respondeu que pôs a mão sobre ela e pediu a Deus que, se fosse melhor para sua alma, a libertasse daquela doença. E assim foi subitamente libertada.

Interrogada sobre quanto tempo antes tinha estado doente, disse que fora por treze meses; mas depois não teve mais essa doença. Tinha então o ventre muito inchado, de modo que mal podia inclinar a cabeça. E assim, pelos méritos da santa, o Senhor a deixou perfeitamente curada.

Como livrou uma Irmã de uma fístula

8 Dona Clara curou de maneira semelhante outras Irmãs doentes, fazendo sobre elas o sinal da cruz com a sua mão. – Interrogada sobre quem foram essas Irmãs, respondeu: Irmã Benvinda de Dona Diambra, que tinha embaixo do braço umas chagas grandes, onde apareciam cinco pontas de pus, e tinha tido essa doença por uns 11 anos. Quando a senhora fez sobre ela o sinal da cruz, foi libertada. – Interrogada sobre como sabia disso, respondeu que o pus saiu e, depois, ela não teve mais essa doença. – Interrogada sobre que doença era essa, respondeu que se chamava fístula.

Como livrou uma Irmã da tosse

9 Também disse que uma outra Irmã, chamada Irmã Cecília, tinha uma tosse grave que a atacava quando começava a comer, de modo que parecia que ia afogar-se. Numa sexta-feira, a santa madre deu-lhe um pedaço de fogaça para comer. Ela pegou-o com muito temor, mas, apesar disso comeu, porque era uma ordem da santa madre, e depois não sentiu mais a doença. – Interrogada sobre quanto tempo antes tinha tido essa enfermidade, respondeu que não se lembrava, mas achava que devia tê-la havia muito tempo.

Como livrou uma Irmã da surdez de um ouvido

10 Também disse que uma outra, chamada Irmã Cristiana, tinha sido surda de um ouvido havia muito tempo, mesmo antes de entrar no mosteiro, e também depois. Apesar disso, Dona Clara tocou o seu ouvido surdo e lhe fez o sinal da cruz e ela foi libertada. De outras Irmãs disse que não se lembrava, mas que mais algumas tinham sido curadas.

Como livrou um menino de uma mancha no olho

11 Também disse que um menino de Perúgia tinha uma mancha que cobria todo o olho. Por isso foi levado a Santa Clara, que tocou o olho do menino e lhe fez o sinal da cruz. Depois disse: "Levem-no a minha mãe, Irmã Hortolana (que estava no Mosteiro de São Damião), para que ela também faça sobre ele o sinal da cruz".

Isso foi feito, e o menino foi libertado. Santa Clara dizia que sua mãe o havia curado, mas a mãe dizia que tinha sido sua filha, Dona Clara, que o havia libertado. E assim, cada uma atribuía à outra essa graça. – Interrogada sobre quanto tempo antes tinha visto o menino com aquela mancha, respondeu que foi quando foi trazido ao mosteiro para Dona Clara; não o viu antes nem depois que foi curado, pois logo foi embora. E a testemunha sempre esteve reclusa no mosteiro por todo o tempo referido.

12 Interrogada sobre a humildade da santa, disse o mesmo que tinha sido dito pela Irmã Filipa, testemunha acima, sob juramento.

13 Também acerca do amor da santa pela pobreza e pela oração, disse o mesmo que a predita Irmã Filipa.

14 A testemunha também disse que, temendo as Irmãs a chegada dos sarracenos, tártaros e outros infiéis, pediram à santa madre que insistisse muito diante do Senhor para que o mosteiro fosse defendido contra eles. E a madre santa respondeu-lhes: "Irmãs e filhas minhas, não fiquem com medo, porque o Senhor as defenderá. E eu quero ser a sua garantia. Se os inimigos chegarem até o mosteiro, coloquem-me diante deles". Assim, pelas orações de tão santa madre, o mosteiro, as Irmãs e os objetos não sofreram dano algum.

15 Sobre o assédio e a libertação da cidade de Assis, disse o mesmo que tinha dito Irmã Filipa.

16 Também disse o mesmo que a Irmã Filipa sobre o milagre da mãe de Santa Clara, sobre a visão de Santa Clara, sobre a mama de São Francisco e sobre o milagre da noite de Natal do Senhor. Mas acrescentou ter ouvido de Dona Clara que, naquela noite de Natal do Senhor, ela viu também o presépio de Nosso Senhor Jesus Cristo.

17 A testemunha também disse que foi bondade do Senhor providenciar para que a primeira da Ordem fosse tão santa que nela não dava para ver nenhum defeito, mas só o conjunto de todas as virtudes e graças. Tanto que, enquanto vivia, era tida como santa por todos que a conheciam.

Foi nobre de família segundo a carne, mas foi muito mais nobre na observância da santa Religião e de sua Ordem. Mesmo no tempo de sua enfermidade, não quis deixar nunca de cumprir coisa alguma da Ordem e, assim, na sua santidade governou a si mesma e suas Irmãs por quase 43 anos.

18 Amava as Irmãs como a si mesma. E as Irmãs em vida e depois de sua morte reverenciam-na como santa e mãe de toda a Ordem. E também disse que os bens e virtudes de sua santidade e bondade eram mais do que ela soubesse ou pudesse dizer.

19 Também disse que, estando Dona Clara prestes a passar desta vida, isto é, na sexta-feira imediatamente antes de sua morte, disse à testemunha, que tinha ficado sozinha com ela: "Está vendo o Rei da glória, que eu estou vendo?" Disse isso várias vezes e expirou poucos dias depois.

20 A testemunha também disse que ouviu de uma mulher de Pisa que o Senhor a havia libertado de cinco demônios pelos méritos de Santa Clara e que os demônios confessavam que as orações de Dona Clara os queimavam. Por isso, a mulher tinha vindo ao locutório das Irmãs, no mosteiro, para agradecer primeiro a Deus, mas também a Dona Clara. – Interrogada sobre quanto tempo antes tinha sido isso, respondeu que 4 anos mais ou menos.

5ª testemunha

1 Irmã *Cristiana de Messer Cristiano de Parisse*, monja do Mosteiro de São Damião, jurando disse: Que, tendo sido surda de um ouvido durante muito tempo, tinha tomado muitos remédios, que nunca ajudaram em nada. No fim, Santa Clara traçou sobre sua cabeça o sinal da cruz e tocou-lhe a orelha. Desse modo, abriu-se o seu ouvido, e ela ouvia muito bem. – Interrogada há quanto tempo tinha sido isso, respondeu que fazia mais ou menos 1 ano. – Interrogada sobre o mês e dia, respondeu: "No mês de junho ou julho"; do dia não se lembrava.

2 A testemunha também disse que de nenhum modo saberia explicar a santidade da vida de Dona Clara e a honestidade de seus costumes. Mas achava que, como acreditava firmemente, ela tinha sido cheia de graças e de virtudes e de santas obras, e achava que tudo que de santidade pode ser dito de alguma santa mulher depois da Virgem Maria, em verdade, poderia ser dito dela. Mas não seria capaz de descrever todas as suas virtudes e graças.

3 Sobre a cura das chagas da Irmã Benvinda, disse o mesmo que tinha dito a Irmã Amata, testemunha acima.

4 Também disse que ainda não se haviam completado 7 anos desde a sua entrada no mosteiro.

5 Contou também que, tendo caído em cima de Dona Clara um portão do mosteiro, que era muito pesado, uma Irmã, chamada Irmã Angeluccia de Espoleto, chamou forte, temendo que a tivesse matado, pois sozinha ela não podia levantar aquele portão, que estava inteiro sobre a senhora. Por isso, a testemunha e outras Irmãs correram: e a testemunha viu que o portão ainda estava em cima dela, e era tão pesado que só três frades o puderam levantar e recolocar no lugar. Apesar disso, a senhora disse que não lhe havia feito nenhum mal, mas tinha estado em cima dela como se fosse uma coberta. – Interrogada sobre quanto tempo antes tinha sido isso, respondeu que fazia mais ou menos 7 anos, no mês de julho, na oitava de São Pedro.

6ª testemunha

1 Irmã *Cecília filha de Messer Gualtieri Cacciaguerra de Spello*, monja do Mosteiro de São Damião, fez o juramento e disse: que ela ouviu de Dona Clara, de santa memória, antiga abadessa do predito mosteiro, que devia fazer uns 43 anos que ela estava no governo das Irmãs. A testemunha entrou na Religião uns 3 anos depois que a senhora tinha entrado na Religião pela pregação de São Francisco. A testemunha entrou pelas exortações de Dona Clara e de Frei Filipe, de boa memória.

Desde esse tempo, 40 anos, esteve sob o santo governo de Dona Clara, mas não se achava competente para falar como se deve sobre sua vida, louvável e maravilhosa, e sobre seu comportamento.

2 Pois Deus a escolheu como mãe das virgens e primeira e principal abadessa da Ordem, para que ela guardasse o rebanho e o confirmasse com o seu exemplo no propósito da santa Religião as outras Irmãs dos mosteiros da Ordem. E, de fato, ela foi diligentíssima na exortação e no cuidado das Irmãs, sendo compassiva com as doentes. Era solícita no serviço delas, submetendo-se humildemente até às últimas serviçais, desprezando sempre a si mesma.

3 Era vigilante na oração, sublime na contemplação, tanto que algumas vezes, quando saía da oração, parecia que seu rosto estava mais claro, e desprendia uma doçura de sua boca.

4 Rezava com muitas lágrimas, mas com as Irmãs demonstrava uma alegria espiritual. Nunca estava perturbada. Instruía as Irmãs com muita mansidão e benevolência, mas, quando era necessário, não deixava de repreendê-las.

5 Jamais quis perdoar seu corpo; antes, foi asperíssima em sua cama e em suas roupas; e no comer e beber era estritíssima, tanto que parecia levar uma vida de anjo, de modo que sua santidade é manifesta a todos os que a conheceram ou ouviram.

Interrogada sobre como sabia dessas coisas, respondeu que esteve com ela quase por quarenta anos e presenciou sua maneira santa de viver, que seria absolutamente impossível, se o Senhor não lhe tivesse infundido com abundância essas e muitas outras graças, que não saberia nomear, mas de que ela estava ornada.

6 Também disse que Dona Clara tinha tanto fervor de espírito que gostaria de enfrentar o martírio por amor do Senhor. Demonstrou isso quando ouviu contar que alguns frades tinham sido martirizados em Marrocos, e disse que queria ir para lá. A testemunha até chorou. Mas foi antes que ela ficasse doente. – Interrogada sobre quem tinha assistido a isso, respondeu que as Irmãs então presentes já tinham morrido.

7 Quanto à humildade da santa, quanto à aspereza do leito e das roupas e quanto à abstinência e jejum, disse o mesmo que a Irmã Filipa. Mas acrescentou que lavava com suas mãos as cadeiras sanitárias das Irmãs doentes, nas quais algumas vezes havia vermes. E ao fazer isso, dizia a senhora, não sentia nenhum mau cheiro, mas até bom perfume.

8 Também disse que o Senhor lhe havia dado a graça de curar as doenças de várias Irmãs com um simples sinal da cruz. Foi o caso da Irmã Amata, Irmã Benvinda, Irmã Cristiana, Irmã Andreia, como disse Irmã Filipa, que deu testemunho acima. E curou também a própria Irmã Cecília, como disse a Irmã Amata.

9 E viu que também algumas outras pessoas foram levadas ao mosteiro para serem curadas pela santa madre. Ela fez o sinal da cruz sobre elas, e ficaram curadas. Mas não sabia dar os seus nomes. Não as viu depois, nem as tinha visto antes: pois a testemunha sempre esteve reclusa no mosteiro.

10 Sobre o amor à pobreza, sobre a virtude da oração de Dona Clara e sobre a libertação da cidade e do mosteiro, disse o mesmo que a Irmã Filipa.

11 Também disse que, na iminência de algum perigo, todas as Irmãs recorriam sempre ao auxílio da oração por ordem da santa madre.

12 A testemunha também disse que ouviu da mãe de Santa Clara que, quando estava esperando essa filha, foi rezar diante da cruz para que o Senhor a ajudasse no perigo do parto e ouviu uma voz dizendo que ela daria à luz um grande lume, que iluminaria todo o mundo. – Interrogada sobre quanto tempo fazia que tinha ouvido isso, respondeu que foi mais ou menos no tempo em que São Francisco passou desta vida.

13 Também sobre a visão da mama de São Francisco contou o mesmo que Irmã Filipa, mas não se lembrava do que ela tinha dito sobre o bico do peito, retido por Santa Clara em sua boca.

14 Também disse que Dona Clara, que jamais queria estar ociosa, mesmo durante a doença que a fez passar desta vida, fazia com que a erguessem na cama e fiava. Do que tinha fiado mandou tecer pano fino para fazer muitos corporais e bolsas para guardá-los, cobertas de seda ou de pinhoela. Depois, mandou-os ao bispo de Assis para benzer; e em seguida os enviou para as igrejas da cidade e para o bispado de Assis. E ela achava que tinham sido dados para todas as igrejas.

15 Também disse que Dona Clara tinha espírito de profecia. Num dia em que São Francisco mandou cinco mulheres para serem recebidas no mosteiro, ela se levantou e recebeu quatro, dizendo que não ia aceitar a quinta, porque não perseveraria no mosteiro; no máximo, ela ficaria 3 anos. Depois, acabou recebendo-a pelo muito que importunou, mas a mulher só ficou meio ano. – Interrogada sobre quem foi essa mulher, respondeu que era Dona Gasdia, filha de Taccolo. E isso aconteceu quando São Francisco ainda estava vivo. – Interrogada sobre quem estava presente quando Santa Clara disse isso, respondeu que Irmã Inês, sua irmã recentemente falecida, estava presente. Das outras Irmãs não se lembrava.

Uma refeição milagrosa

16 Também disse que um dia as Irmãs só tinham meio pão, pois a outra metade tinha sido mandada aos frades que estavam ali fora. A senhora mandou à testemunha que cortasse cinquenta fatias e as levasse para as Irmãs, que tinham ido para a mesa. Então a testemunha disse a Dona Clara: "Para tirar cinquenta fatias disto, seria necessário aquele milagre do Senhor, dos cinco pães e dois peixes". Mas a senhora respondeu: "Vá fazer o que lhe disse". E o Senhor multiplicou aquele pão, de modo que rendeu cinquenta fatias boas e grandes, como Santa Clara tinha mandado.

17 Também sobre o portão que caiu sobre a senhora e como ela não se machucou, em tudo disse o mesmo que tinha sido dito pela Irmã Cristiana, acrescentando que tinha visto quando o portão estava em cima dela.

7ª testemunha

1 Irmã *Balbina de Messer Martinho de Cocorano*, monja do Mosteiro de São Damião, declarou sob juramento que estivera no mosteiro por mais de 36 anos, quando era abadessa Dona Clara, de santa memória, cuja vida e comportamento foram adornados pelo Senhor com muitos dons e virtudes, que de modo algum daria para contar.

2 E a senhora foi virgem desde o seu nascimento. Era a mais humilde entre todas as Irmãs e tinha tanto fervor de espírito que, por amor de Deus, teria suportado de boa vontade o martírio pela defesa da fé e de sua Ordem. Antes de ficar doente, queria ir para Marrocos, onde se dizia que os frades tinham sofrido o martírio.

Interrogada sobre como sabia dessas coisas, respondeu que esteve com ela durante todo esse tempo, vendo e ouvindo o amor que a senhora tinha pela fé e pela Ordem.

3 E disse que ela era diligentíssima e muito solícita na oração, na contemplação e na exortação das Irmãs, entregando-se completamente a isso.

4 Sobre sua humildade, a virtude de suas orações, a aspereza de suas roupas e leito, a abstinência e o jejum, disse tudo que foi dito pela Irmã Filipa. Não chegou a ver a cama de sarmentos, mas soube que ela a usou por algum tempo. Mas viu que tinha um leito de tábua muito pobre.

5 Também quanto ao fato de lavar as cadeiras sanitárias das Irmãs doentes, disse o mesmo que Irmã Cecília tinha dito.

6 Sobre a libertação da cidade de Assis, assediada por Vital de Aversa e sobre a libertação do mosteiro dos sarracenos e outros inimigos por suas orações, disse o mesmo que Irmã Filipa.

7 Também disse o mesmo que Irmã Filipa sobre os milagres em benefício de suas Irmãs pelo sinal da cruz feito com a sua mão.

E acrescentou que assim foi curada Irmã Benvinda de Perúgia da doença que a fizera perder a voz, quando a santa fez sobre ela o sinal da cruz. – Interrogada sobre como sabia disso, respondeu que o ouviu de seus próprios lábios.

8 Sobre o amor pela pobreza e por seu Privilégio, disse o mesmo que a predita Irmã Filipa.

9 A testemunha também disse que Dona Clara lhe contou que, na noite do Natal do Senhor próximo passado, tinha ouvido as Matinas e outros ofícios divinos que se celebravam naquela noite na Igreja de São Francisco, como se lá estivesse presente. Por isso dizia a suas Irmãs: "Vocês me deixaram aqui sozinha quando foram à capela para Matinas, mas o Senhor cuidou bem de mim, porque eu não podia levantar da cama".

10 E também disse que ouviu da predita senhora a visão da mama de São Francisco, como disse Irmã Filipa.

11 A testemunha também disse que, por sua simplicidade, não saberia de modo algum dizer os bens e as virtudes que existiam na santa: sua humildade, a benignidade, a paciência e as outras virtudes que ela possuía em abundância, tanto que cria firmemente que, da Virgem Maria para cá, nenhuma mulher tinha maior mérito do que a senhora.

Interrogada sobre como sabia disso, respondeu que tinha ouvido falar da santidade de muitas outras santas em suas legendas, mas da santidade de vida de Dona Clara ela tinha sido testemunha por todo o referido tempo, exceto 1 ano e 5 meses em que, por ordem da santa, esteve no Mosteiro de Arezzo, em companhia de uma senhora que tinha sido mandada para lá.

E a testemunha, por ser sobrinha carnal de Santa Clara, observava diligentemente sua vida e costumes, que lhe pareciam admiráveis. – Interrogada por que lhe pareciam admiráveis, respondeu: pela muita abstinência, que nem parecia que uma pessoa pudesse aguentar, e pelas outras coisas maravilhosas quase sem conta, que Deus operava por ela e nela, como foi dito acima.

Como libertou uma Irmã da dor de febre e de um abscesso

12 E a testemunha acrescentou que ela mesma, estando doente, numa noite ficou muito aflita por uma grave dor no quadril; e começou a queixar-se e a lamentar-se. A senhora perguntou-lhe o que tinha. A testemunha contou o que doía, e a madre inclinou-se bem em cima da parte afetada, cobrindo-a com um pano que tinha na cabeça. A doença desapareceu imediatamente, por completo. – Interrogada sobre quanto tempo fazia que tinha acontecido isso, respondeu: "São mais de 12 anos". – Interrogada sobre quem estava presente, respondeu que estava sozinha no quarto em que ela costumava ficar rezando. Quanto ao mês e dia, ou noite, não se lembrava.

13 Uma outra vez, antes desse tempo, a testemunha foi libertada por Santa Clara de uma febre persistente e de um abscesso que tinha no lado direito do peito, coisa que fazia as Irmãs pensarem que ela ia morrer. E isso foi já há 20 anos. – Interrogada sobre quanto tempo a tivera, respondeu: "3 dias".

14 A testemunha também disse que ouviu de uma mulher que o Senhor a tinha libertado de cinco demônios pelos méritos da santa. – Interrogada de onde era essa mulher, respondeu que ela mesma dizia que era de Pisa, e viera ao lugar do mosteiro onde se fala às Irmãs, para dar graças a Deus e à santa. – Interrogada sobre quanto tempo fazia, respondeu: São uns 4 anos. E a mulher dizia que os demônios bradavam: "As orações dessa santa nos queimam".

8ª testemunha

1 Irmã *Lúcia de Roma*, monja do Mosteiro de São Damião, fez o juramento e disse que foram tão grandes a santidade e bondade de Dona Clara, ex-abadessa do Mosteiro de São Damião, que de nenhum modo ela poderia expressá-lo completamente. – Interrogada em que consistia essa santidade e bondade, respondeu que estava na sua grande humildade, na benignidade, honestidade e paciência.

2 Interrogada sobre quanto tempo tinha estado no mosteiro, respondeu que, quanto às boas obras, achava que tinha estado pouco; mas tinha estado tão longo o tempo que não se lembrava. Mas que Dona Clara a recebeu no mosteiro por amor de Deus, quando era muito pequena. E disse que sempre viu Dona Clara comportar--se numa grande santidade.

3 Interrogada em que santidade, respondeu: "Em muita mortificação de sua carne e muita aspereza da vida". Esforçava-se quanto podia para agradar a Deus e formar suas Irmãs no amor de Deus, e tinha muita compaixão pelas Irmãs na alma e no corpo. E acrescentou que só se tivesse a ciência dos santos poderia expressar a bondade e santidade que via em Dona Clara.

4 E disse que sabia que o Senhor tinha curado muitas Irmãs pelos seus méritos. Mas ela não estava presente, porque esteve doente.

9ª testemunha

1 Irmã *Francisca de Messer Capitaneo de Coldimezzo*, monja do Mosteiro de São Damião, fez o juramento e disse: Que a testemunha esteve no mosteiro por 21 anos e mais um pouco, quando tinha passado do mês de maio para cá, no tempo em que Santa Clara era abadessa do referido mosteiro. E declarou que, mesmo que tivesse toda a sabedoria de Salomão e toda a eloquência de São Paulo, achava que não poderia expressar plenamente a bondade e a santidade que tinha visto em Dona Clara durante todo esse tempo.

2 Interrogada sobre o que viu nela, respondeu que uma vez, tendo os sarracenos entrado no claustro do mosteiro, a senhora pediu que a carregassem até a porta do refeitório e pusessem diante dela uma caixinha onde estava o santo Sacramento do Corpo de Nosso Senhor Jesus Cristo. Prostrou-se por terra em oração e orou com lágrimas, dizendo estas palavras entre outras: "Senhor, guardai Vós estas vossas servas, porque eu não as posso guardar". Então a testemunha ouviu uma voz de maravilhosa suavidade que dizia: "Eu te defenderei para sempre!" Então a senhora orou também pela cidade, dizendo: "Senhor, que vos apraza defender também a esta vossa cidade". A mesma voz soou: "A cidade sofrerá muitos perigos, mas será defendida". Então a senhora se voltou para as Irmãs e lhes disse: "Não fiquem com medo, porque eu sou a sua garantia de que não vão passar nenhum mal, nem agora nem no futuro, enquanto se dispuserem a obedecer aos mandamentos de Deus". Os sarracenos foram embora sem fazer mal ou causar prejuízo.

Interrogada sobre quanto tempo antes tinha sido isso, respondeu que não se lembrava. – Interrogada também sobre o mês, o dia e a hora, respondeu: "No mês de setembro e, parece, numa sexta-feira, quase na hora de Tércia". – Interrogada sobre quem estava presente, respondeu: "As Irmãs que estavam na oração".

Interrogada sobre que outras Irmãs ouviram aquela voz, respondeu que a ouviram a testemunha e uma outra Irmã, que já morreu, pois elas estavam sustentando a senhora. Interrogada sobre como sabia que a outra Irmã tinha ouvido a voz, respondeu: "Porque ela contou".

E Santa Clara chamou as duas naquela tarde e disse para não contarem isso a ninguém, enquanto ela estivesse viva. – Interrogada sobre o nome dessa Irmã que dizia ter morrido, respondeu que se chamava Irmã Iluminata de Pisa.

3 Também disse que houve uma outra vez em que alguém foi contar a Dona Clara que a cidade de Assis ia ser tomada. A senhora chamou as suas Irmãs e disse-lhes: "Recebemos muitos bens desta cidade, por isso devemos pedir a Deus que a guarde"[5]. E mandou que viessem encontrá-la bem cedinho. Como tinha sido mandado, as Irmãs foram encontrá-la logo que amanheceu.

Quando chegaram, a senhora mandou buscar cinza, tirou todos os panos da cabeça e disse que todas fizessem o mesmo. Depois, colocou bastante cinza na cabeça, porque tinha cortado o cabelo recentemente. Em seguida, colocou-a na cabeça de todas as Irmãs. Feito isso, mandou que todas fossem rezar na capela. E o fizeram de tal modo que, na manhã seguinte, o exército foi embora, derrotado e desconjuntado.

Depois disso a cidade de Assis nunca mais foi assediada por nenhum exército. E naquele dia da oração as Irmãs fizeram abstinência, jejuando a pão e água. Algumas nem comeram coisa alguma.

---

[5] Santa Clara não se considerava uma "monja" no sentido antigo. Sua vida religiosa, mesmo "reclusa", inseria-se no tecido urbano das novas cidades (comunas), e ela se sentia completamente ligada ao povo.

Interrogada sobre quanto tempo antes tinha sido isso, respondeu que foi no tempo de Vital de Aversa.

4 Também disse que uma vez, no dia da festa de 1º de maio, a testemunha viu no colo de Dona Clara, diante do seu peito, um bebê belíssimo, tanto que não daria para expressar sua beleza. Só de vê-lo sentia uma indizível suavidade de doçura. Ela não duvidava de que fosse o Filho de Deus.

Também disse que nessa ocasião viu sobre a cabeça de Dona Clara duas asas esplêndidas como o sol, que às vezes se levantavam e às vezes cobriam a cabeça da referida senhora. – Interrogada se outros tinham visto isso, respondeu que só ela o viu e não havia revelado a nenhuma pessoa. Nem agora revelaria, se não fosse para louvor da santa madre.

5 A testemunha também contou como Santa Clara, com o sinal da cruz e com suas orações, libertou Irmã Benvinda de Dona Diambra da chaga que tinha embaixo do braço e Irmã Cristiana da surdez de um ouvido, como disse Irmã Filipa, acima referida, e também relatou Irmã Cristiana sobre ela mesma.

6 Também disse que uma vez viu trazer ao mosteiro para Santa Clara o filho de Messer João do mestre João de Assis, que tinha febre e escrófulas. A santa fez-lhe o sinal da cruz e tocou-o, deixando-o curado.

Interrogada como sabia disso, respondeu que mais tarde ouviu o pai contando no parlatório que a cura tinha sido instantânea. A testemunha não o viu antes de ser levado a Santa Clara, mas pouco depois viu-o voltar curado ao mosteiro. – Interrogada sobre quantos anos tinha o menino, respondeu: "5 anos". – Interrogada sobre o nome do menino, disse que não sabia.

7 Também disse que, sofrendo ela mesma de uma doença muito grave, que lhe pegava na cabeça e fazia gritar muito e perder a memória, fez um voto à santa madre, que estava nos últimos dias de vida, e ficou curada na hora. Depois disso, nunca mais teve esse mal. – Interrogada sobre o tempo em que o sofrera, respondeu: "Mais de 6 anos".

8 A testemunha disse também que uma vez Dona Clara não conseguia levantar-se da cama por estar doente. Pediu que lhe levassem uma certa toalhinha, mas, não havendo quem a levasse, uma gatinha que havia no mosteiro começou a puxar e arrastar para levá-la como podia. Então a senhora disse: "Bobinha, você não sabe carregar; por que a está arrastando no chão?"

Então a gata, como se tivesse entendido, pôs-se a enrolar a toalha para que não encostasse ao chão. – Interrogada sobre como sabia disso, respondeu que a predita senhora o tinha contado, ela mesma.

9 Também sobre os corporais feitos com o que ela tinha fiado, a testemunha disse que ela mesma tinha contado cinquenta, que foram distribuídos pelas igrejas, como disseram as testemunhas acima.

10 Também disse que, uma vez, as Irmãs achavam que a bem-aventurada madre estava para morrer e o sacerdote foi dar-lhe a sagrada Comunhão do Corpo de Nosso Senhor Jesus Cristo. A testemunha viu sobre a cabeça da madre Santa Clara um esplendor muito grande, e parecia que o corpo do Senhor era um bebê pequeno e muito bonito. E depois que a santa madre o recebeu com muita devoção e lágrimas, como sempre fazia, disse estas palavras: "Foi tão grande o benefício que Deus me fez hoje que, com ele, não poderiam ser comparados o céu e a terra".

Perguntada se alguma das outras Irmãs tinha visto isso, respondeu que não sabia, mas sabia bem sobre ela mesma. – Interrogada sobre quando foi isso, respondeu que perto da Festa de São Martinho, recém-passada, tinha feito 3 anos. – Interrogada sobre a hora do dia, respondeu: "De manhã, depois da missa".

10ª testemunha

1 Irmã *Inês, filha do falecido Messer Opórtulo de Bernardo de Assis*, monja do Mosteiro de São Damião, fez o juramento e disse que, quando entrou no mosteiro, ainda criança, Dona Clara, ex-abadessa, usava um cilício feito de pelos de cavalo trançados. Contou que a senhora o emprestou uma vez à testemunha por três dias, nos quais ela o usou, mas achou que era tão áspero que não dava absolutamente para aguentar.

2 Também disse que não seria capaz de expressar a humildade, a benignidade, a paciência e a grandeza da vida santa e das virtudes de Dona Clara, como ela presenciou durante todo o tempo que esteve no mosteiro. Pois parecia que todos os bens estivessem nela, e que não havia nada a repreender, mas podia ser recomendada como santa. – Interrogada sobre como sabia disso, respondeu: "Porque estive no mosteiro aos seus cuidados durante uns 33 anos".

3 E disse que Dona Clara, após as Completas, ficava longamente em oração com abundância de lágrimas. E, lá pela meia-noite, levantava-se do mesmo jeito para a oração, enquanto teve saúde, e acordava as Irmãs, tocando-as em silêncio. Depois rezava especialmente na hora da Sexta, pois dizia que naquela hora Nosso Senhor foi posto na cruz.

4 Também disse que a santa se mortificava muito, jejuando. Interrogada sobre como sabia disso, respondeu como acima: "Porque estava presente".

5 Também contou que Dona Clara, quando via alguma das Irmãs em tentação ou tribulação, a chamava em particular, a consolava entre lágrimas e, às vezes, até se prostrava a seus pés. – Interrogada sobre como sabia dessas coisas, respondeu que a viu chamar algumas para consolar. E uma delas lhe disse que a senhora se havia lançado a seus pés. – Interrogada sobre o nome dessa Irmã, respondeu que se chamava Irmã Iluminata de Pisa, que já morreu.

6 Também falou sobre a humildade da senhora, tão grande que ela chegava a lavar os pés das Irmãs e das que faziam o serviço externo. Uma vez, lavando os pés de uma dessas serviçais, foi beijá-los, como costumava, mas a Irmã bateu involuntariamente em sua boca com o pé. A senhora alegrou-se por isso e beijou-lhe a planta do pé. – Interrogada sobre o tempo em que aconteceu isso, respondeu: "Na Quaresma". – Interrogada sobre o dia, respondeu: "Uma quinta-feira".

7 Também disse que, na maior parte do tempo que a testemunha esteve no mosteiro, a senhora usou uma esteira como leito e um pouco de palha sob a cabeça; e estava contente com essa cama. Sabia disso, porque o viu. Também ouviu contar que, antes de a testemunha estar no mosteiro, Dona Clara tinha um leito de sarmentos; mas, depois que ficou doente, começou a usar um grande saco de palha, por ordem de São Francisco.

8 A testemunha também disse que Dona Clara gostava muito de ouvir a Palavra de Deus. E, embora não tivesse estudado letras, ouvia de boa vontade as pregações literatas. Num dia em que Frei Filipe de Atri, da Ordem dos Frades Menores, estava pregando, a testemunha viu junto de Santa Clara um menino belíssimo, com uns 3 anos. Rezou a testemunha em seu coração para que Deus não permitisse que ela fosse enganada e ouviu esta resposta em seu coração: "Eu estou no meio deles", significando com isso que o menino era Jesus Cristo, que está no meio dos pregadores e dos ouvintes, quando estão atentos e ouvem como devem. – Interrogada sobre quanto tempo fazia, respondeu: "Cerca de 21 anos". – Interrogada em que tempo foi, disse: "Naquela semana depois da Páscoa, em que se canta *Ego sum pastor bonus*". – Interrogada sobre quem estava presente, respondeu que eram as Irmãs.

Interrogada se alguma delas viu o menino, respondeu que uma Irmã lhe disse: "Eu sei que você viu alguma coisa". – Interrogada por quanto tempo esteve ali esse menino, respondeu: "Por grande parte da pregação". E disse que então parecia que um grande esplendor estava ao redor da madre Santa Clara, não como alguma coisa material, mas como um esplendor de estrelas. E disse que a testemunha sentia uma suavidade inexplicável por causa da referida aparição.

Depois viu outro esplendor, não da mesma cor do primeiro, mas todo vermelho, parecendo soltar centelhas de fogo: circundou a santa e cobriu toda a sua cabeça. Ficou pensando no que podia ser isso, e foi-lhe respondido, não com voz, mas em sua mente: *"Spiritus sanctus superveniet in te"* (O Espírito Santo virá sobre ti).

9 Também disse que todas acreditavam que fora pela virtude da oração de Santa Clara que o mosteiro tinha sido defendido dos sarracenos e a cidade de Assis tinha sido libertada do assédio dos inimigos. A própria testemunha viu a madre Santa Clara orar para isso com lágrimas, muito humildemente, de mãos postas e com os olhos no céu.

10 Também disse que, estando para morrer, Santa Clara pediu que a testemunha e as outras Irmãs permanecessem em oração e que a testemunha dissesse a oração das cinco chagas do Senhor.

Pelo que dava para compreender, pois falava muito baixinho, ela estava continuamente com a paixão do Senhor em seus lábios; e com o nome de Nosso Senhor Jesus Cristo. Quanto à última palavra que a santa madre disse à dita testemunha, foi esta: "Preciosa é aos olhos do Senhor a morte dos seus santos".

11 Também disse que, uma vez, lavaram os pés da madre Santa Clara por muita insistência da testemunha, que bebeu um pouco da água usada e achou que era tão doce e saborosa que nem dava para dizer. – Interrogada se mais alguma Irmã tinha provado a água, respondeu que não, porque a madre Santa Clara a jogou fora logo depois, para que não fosse mais provada.

11ª testemunha

1 Irmã *Benvinda de Dona Diambra de Assis*, monja do Mosteiro de São Damião, fez o juramento e disse que tinha sofrido de umas chagas, chamadas fístulas, embaixo do braço e no peito, nas quais colocavam cinco chumaços, pois tinham cinco bocas. Tendo suportado essa doença por 12 anos, uma tarde foi ter com sua madre Santa Clara, pedindo com lágrimas a sua ajuda. Então a bondosa madre, comovida por sua costumeira piedade, desceu de seu leito e orou ao Senhor, ajoelhada. Quando acabou a oração, virou-se para a testemunha, fez o sinal da cruz primeiro sobre si mesma e depois também sobre a testemunha, disse o Pai-nosso e tocou nas suas chagas com a mão descoberta. E assim foi libertada daquelas chagas, que lhe pareciam incuráveis.

Interrogada sobre quanto tempo fazia que tinha acontecido isso, respondeu que no mês de setembro próximo passado tinha feito 2 anos, como lhe parecia. Depois, nunca mais sentiu nada dessa doença.

1 Também disse que fazia mais de 29 anos que tinha vindo para o mosteiro e, desde então, esteve sempre sob o governo da santíssima madre Dona Clara. A primeira coisa que a senhora lhe ensinou foi a amar a Deus sobre todas as outras coisas; a segunda, que devia confessar integralmente e com frequência os seus pecados; a terceira, que devia recordar sempre a paixão do Senhor.

Da maravilhosa visita da corte celestial no feliz passamento de Santa Clara

3 A testemunha também disse que, na noite da sexta para o sábado, três dias antes da morte da senhora Santa Clara, de feliz memória, estava sentada com outras Irmãs junto ao leito da senhora, em lágrimas pelo trânsito de uma mãe de tal valor. E, sem que nenhuma pessoa lhe falasse, a senhora começou a encomendar sua alma, dizendo assim: "Vai em paz, porque você vai ter boa escolta; pois aquele que a criou previu a sua santificação. E, depois que a criou, infundiu em você o Espírito Santo. E depois a guardou como uma mãe cuida do seu filho pequenino".

Uma Irmã, chamada Irmã Anastácia, perguntou com quem ela estava falando e a quem dirigia aquelas palavras, e a senhora respondeu: "Falo com a minha alma bendita".

4 Então, a testemunha começou a refletir na grande e maravilhosa santidade de Dona Clara. Nisso, teve a impressão de que toda a corte celestial estava se movimentando e se preparando para honrar a Santa. E especialmente nossa gloriosa senhora bem-aventurada Virgem Maria preparava alguma de suas roupas para vestir a nova Santa.

E, enquanto a testemunha estava nessa cogitação e imaginação, viu de repente com os olhos reais uma grande multidão de virgens, vestidas de branco, todas com coroas na cabeça, que vinham e entravam pela porta da sala onde jazia Santa Clara. Entre as virgens, havia uma maior que excedia tudo que se pudesse dizer, muito mais bonita do que todas as outras, com uma coroa maior do que as das outras. Em cima da coroa havia um pomo de ouro do qual, como de um turíbulo, saía tanto esplendor que parecia iluminar a casa toda.

As virgens aproximaram-se do leito da senhora Santa Clara, e a Virgem que parecia maior foi a primeira a cobri-la na cama com um pano finíssimo, tão fino que por sua transparência Dona Clara podia ser vista, mesmo estando coberta com ele. Depois a Virgem das virgens, que era a maior, inclinou o seu rosto sobre o da virgem Santa Clara, ou então sobre o seu peito, pois a testemunha não pôde distinguir bem uma coisa da outra. Feito isso, todas desapareceram.

Interrogada se a testemunha estava então acordada ou dormindo, respondeu que estava acordada, e bem acordada, e que isso aconteceu de noite, como foi dito. – Interrogada sobre quem estava presente, respondeu que estavam muitas Irmãs, das quais algumas dormiam e algumas estavam acordadas. Mas não sabia se elas viram o que ela viu, porque nunca o revelou a ninguém, senão agora. – Interrogada sobre quando e em que dia foi isso, respondeu: "Numa sexta-feira, de noite; e a santíssima Dona Clara morreu depois, na segunda-feira seguinte".

5 A testemunha também disse que tudo o que se dizia da santidade de vida de Dona Clara era verdadeiro; e ela não saberia dizer tanto sobre a sua santidade que não tivesse sido ainda maior. Não cria que da Nossa Senhora Bem-aventurada Virgem Maria para cá tivesse havido jamais alguma mulher de maior santidade do que Dona Clara. Pois ela foi virgem, foi humilde, acesa no amor de Deus, na oração e contemplação contínua, alegre na austeridade do comer e do vestir e maravilhosa nos jejuns e vigílias. Tanto que muitas não sabiam como podia viver com tão pouca comida.

Tinha grande compaixão para com as aflitas; era bondosa e liberal com todas as Irmãs. E todo o seu viver foi em Deus. Das coisas do mundo não queria falar nem ouvir. E no governo do mosteiro e das Irmãs era próvida e discreta, mais do que se pode dizer. – Interrogada sobre como sabia de todas essas coisas, respondeu: "Porque estive presente com ela no mosteiro por todos esses 29 anos e vi todas essas coisas. Se precisasse podia contar tudo isso com detalhes".

12ª testemunha

1 Irmã *Beatriz de Messer Favarone de Assis*, monja do Mosteiro de São Damião, fez o juramento e disse que foi irmã carnal de Dona Clara, de santa memória, e de uma vida quase angélica desde a infância, pois foi virgem e permaneceu sempre na virgindade. E era solícita nas boas obras de santidade, tanto que sua boa fama se divulgou entre todos os que a conheciam.

Sobre a conversão de Santa Clara

2 E disse que São Francisco, conhecendo a fama de sua santidade, foi visitá-la muitas vezes para lhe falar e que a virgem Clara concordou com o que ele dizia, renunciou ao mundo e a todas as coisas terrenas e foi servir a Deus o mais depressa que pôde.

3 Pois vendeu toda a sua herança e parte da herança da testemunha e deu-a aos pobres.

4 E, depois, São Francisco cortou seu cabelo diante do altar, na Igreja da Virgem Maria, chamada Porciúncula, e a levou para a Igreja de São Paulo das Abadessas. Seus parentes quiseram levá-la embora, mas Dona Clara agarrou as toalhas do altar e descobriu a cabeça, mostrando que a tinha raspado, e não consentiu de nenhum modo nem se deixou arrancar dali nem levar de volta com eles.

5 Depois, São Francisco, Frei Filipe e Frei Bernardo a levaram à Igreja de Santo Ângelo de Panzo, onde ficou pouco tempo, e foi levada à Igreja de São Damião, onde o Senhor colocou mais Irmãs sob sua direção.

Interrogada sobre como sabia todas essas coisas, respondeu que, sendo sua irmã, pôde ver algumas coisas e ouviu outras da própria Dona Clara e de outras pessoas. – Interrogada a respeito de quanto tempo fazia, respondeu: "Cerca de 42 anos".

Sobre o comportamento de Santa Clara no mosteiro

6 A testemunha também disse que, sendo Dona Clara abadessa do predito mosteiro, portou-se tão santa e prudentemente em seu governo, e Deus mostrou tantos milagres através dela, que todas as Irmãs e todos os que tiveram conhecimento de sua vida a têm e a reverenciam como santa.

Quando se perguntou em que consistia a santidade de Dona Clara, respondeu que era na virgindade, na humildade, na paciência e benignidade, na oportuna correção, nas suaves admoestações às Irmãs, na assiduidade da oração e contemplação, na abstinência e jejuns, na aspereza da cama e das roupas, no desprezo de si mesma, no fervor do amor de Deus, no desejo do martírio. E máxime no amor pelo Privilégio da Pobreza.

7 Interrogada sobre como sabia essas coisas, respondeu que tinha visto tudo isso ser feito por ela, pois fora sua irmã carnal e estivera com ela no mosteiro por mais ou menos 24 anos. Antes disso, tinha morado e partilhado a vida com ela, como sua irmã. E disse que sua língua nem seria capaz de contar tudo que tinha dentro dela sobre a bondade de Santa Clara.

8 Interrogada também sobre que milagres o Senhor Deus tinha operado por meio dela, respondeu que Deus havia curado por ela diversas Irmãs, só de traçar o sinal da cruz sobre elas. E outros muitos milagres: pois Deus por suas orações defendeu o mosteiro dos sarracenos e a cidade de Assis do assédio dos inimigos, como tão manifestamente se acredita.

Interrogada sobre como sabia disso, respondeu que viu quando ela fez a oração e quando os sarracenos se foram sem fazer nenhum dano a nenhuma delas ou ao mosteiro. No outro caso, ela fez a oração e, no dia seguinte, o exército que estava na cidade de Assis foi embora.

9 Interrogada sobre a libertação das Irmãs de suas doenças, respondeu que foram libertadas por Dona Clara a Irmã Benvinda, a Irmã Cristiana e muitas outras Irmãs. – Interrogada sobre como o sabia, respondeu que primeiro as tinha visto doentes e passando bem mal, até que a santa madre, feito o sinal da cruz, as libertou pela oração. E depois as viu curadas.

13ª testemunha

1 Irmã *Cristiana de Messer Bernardo de Suppo de Assis*, monja do Mosteiro de São Damião, tendo jurado, falou sobre a vida e o comportamento o mesmo que tinha dito a Irmã Beatriz e acrescentou que Clara, a virgem de Deus, tinha saído da casa secular de seu pai de um modo maravilhoso.

Pois, temendo que a impedissem, não quis sair pela porta costumeira, mas foi por uma outra saída da casa que, para não ser aberta, tinha sido escorada com troncos pesados e uma coluna de pedra, que só poderiam ser removidos com dificuldade por muitos homens. Mas, com a ajuda de Jesus Cristo, ela os removeu sozinha e abriu a porta. Ao verem a saída aberta, na manhã seguinte, muitos ficaram extraordinariamente maravilhados de como uma mocinha tivesse podido fazer isso.

Interrogada sobre como sabia dessas coisas, respondeu que nessa ocasião estava na casa e que tinha estado antes com ela e a havia conhecido, porque morava com ela em Assis. – Interrogada sobre quanto tempo fazia que tinha acontecido isso, respondeu: "42 anos ou então um pouco mais". – Foi-lhe perguntando que idade tinha então Santa Clara, respondeu que tinha 18 anos, segundo o que se dizia.

2 Também disse que então na casa do pai era por todos tida como honesta e santa, e acrescentou que, no mês de maio, ia fazer 34 anos que a testemunha entrou no mosteiro. E esteve sob a disciplina e governo da senhora Santa Clara, cuja santidade de vida ilustrou todo o mosteiro e lhe deu forma com todas as virtudes e costumes que se requerem nas santas mulheres.

3 Sobre as virtudes, a testemunha disse que poderia responder plena e verdadeiramente, se lhe perguntassem sobre cada uma em particular. E principalmente que Dona Clara era toda inflamada em caridade e amava as suas Irmãs como a si mesma. E, se alguma vez ouvia alguma coisa que não agradasse a Deus, tinha muita compaixão e procurava corrigi-lo sem demora. E porque foi assim, tão santa e tão ornada de virtudes, Deus quis que ela fosse a primeira mãe e mestra da Ordem. E tão bem guardou o mosteiro, a Ordem e a si mesma de todos os contágios dos pecados, que sua memória será reverenciada para sempre.

E as Irmãs creem que a santa madre intercede a Deus por elas no céu, ela que as governou na terra tão prudente, benigna e vigilantemente na Religião e no propósito da pobreza.

Interrogada sobre como sabia disso, respondeu que o tinha visto, pois estivera presente com ela no mosteiro durante todo esse tempo, e já a conhecera antes e tinha morado com ela, como foi dito acima.

4 Sobre a aspereza das roupas e cilícios e sobre a abstinência e a oração, disse que jamais ouviu que tivesse havido no mundo outra que se parecesse com ela ou a vencesse nessas coisas. E disse que sabia essas coisas, porque as viu.

5 Sobre a cura das fístulas de Irmã Benvinda, disse tudo que tinha dito a mesma Irmã Benvinda, porque esteve presente.

6 Também sobre a cura da hidropisia de Irmã Amata, disse o que tinha dito a própria Irmã Amata, porque esteve presente.

7 E sobre a cura de Irmã Cristiana, disse o mesmo que Irmã Cristiana.

8 Também sobre a cura de Irmã Andreia de Ferrara, disse o mesmo que Irmã Filipa tinha dito.

9 Também sobre a oração feita para defender e libertar dos sarracenos o mosteiro e sobre a oração para libertar a cidade de Assis assediada pelos inimigos, disse o mesmo que a predita Irmã Filipa. E acrescentou que foi ela mesma, testemunha, que, por ordem da santa madre Dona Clara, chamou as Irmãs para que viessem ficar em oração.

10 Também disse que Dona Clara, na doença em que passou desta vida, não cessava nunca de louvar a Deus, exortando as Irmãs à perfeita observância da Ordem e máxime ao amor pela pobreza. – Interrogada sobre como sabia disso, respondeu que muitas vezes estivera presente.

11 A testemunha também disse que, quando Santa Clara vendeu sua herança, os parentes quiseram dar um preço maior do que todos os outros, e ela não quis vender a eles, mas vendeu a outros, para que os pobres não fossem defraudados. E tudo que recebeu da venda da herança distribuiu-o aos pobres. – Interrogada sobre como sabia disso, respondeu: "Porque o vi e ouvi".

14ª testemunha

1 Irmã *Angeluccia de Messer Angeleio de Espoleto*, monja do Mosteiro de São Damião, disse sob juramento que fazia 28 anos que estava no Mosteiro de São Damião e que, durante todo esse tempo em que esteve no referido mosteiro, sob o governo de Dona Clara, de santa memória, viu tantos e tão grandes bens dela que em verdade se poderia dizer dela o que se pode dizer de qualquer santo que esteja no paraíso.

2 Interrogada sobre que bens eram, respondeu que no tempo em que a testemunha entrou no mosteiro, Dona Clara estava enferma e, apesar disso, se levantava no leito e vigiava em oração com muitas lágrimas. E fazia o mesmo de manhã, por volta da hora de Tércia.

3 E crê-se firmemente que as suas orações libertaram uma vez o mosteiro do ataque dos sarracenos, que já tinham entrado no claustro do mosteiro. E, uma outra vez, libertou a cidade de Assis do assédio dos inimigos.

4 Também disse que tinham sido tão grandes sua humildade e bondade para com as Irmãs, sua paciência e constância nas tribulações, sua austeridade de vida, sua severidade no comer e no vestir, sua caridade para com todas, sua prudência e custódia na exortação das Irmãs suas súditas, e tinha sido tão graciosa e suave no admoestar as Irmãs e nas outras coisas boas e santas que a sua língua não poderia dizer ou compreender de modo algum. Sua santidade era muito maior do que tudo que se pudesse dizer. Também sobre o amor à pobreza, que ela possuía em grau máximo. – Interrogada sobre como sabia disso, respondeu que esteve com ela por todo esse tempo e viu a santidade de sua vida, como foi dito.

5 E nenhuma das Irmãs tem dúvida alguma de que Deus operou por meio dela muitos milagres, mesmo durante a sua vida, como foi dito acima. – Interrogada sobre como o sabia, respondeu que viu quando Irmã Benvinda foi subitamente libertada de suas chagas pelo sinal da cruz feito sobre ela por Dona Clara com sua mão. E ouviu que mais outras Irmãs e forasteiros tinham sido libertados do mesmo modo.

6 A testemunha também viu quando o portão do palácio, isto é, do mosteiro, caiu em cima de Dona Clara ao ser fechado. E as Irmãs pensaram que o portão a tivesse matado. Por isso, começaram a chorar muito. Mas a senhora escapou sem nenhum dano e disse que de modo algum tinha sentido o peso do portão, tão pesado que só três frades puderam recolocá-lo no lugar. – Interrogada sobre como sabia disso, respondeu: "Porque o vi e estava lá presente". – Interrogada há quanto tempo tinha acontecido isso, respondeu que era perto de 7 anos. – Interrogada sobre o dia, disse que foi na oitava de São Pedro, na tarde de um domingo.

E então, quando a testemunha gritou, vieram prontamente as Irmãs e viram que o portão ainda estava em cima dela, mas a testemunha não podia levantá-lo sozinha.

7 A testemunha disse também que a morte da referida Dona Clara foi maravilhosa e gloriosa, porque, poucos dias antes de sua morte, uma tarde, ela começou a falar da Trindade e a dizer outras palavras de Deus tão sutilmente que só os muito doutos as poderiam compreender. E disse mais outras coisas.

Interrogada sobre que outras palavras tinha dito, respondeu e disse o mesmo que Irmã Filipa, acima citada.

8 A testemunha também disse que, uma vez, a santa madre Dona Clara ouviu cantar depois da Páscoa *Vidi aquam egredientem de templo a latere dextro* (cf. Ez 47,1), guardou isso na memória e ficou tão contente que, sempre, depois de comer e depois das Completas, fazia servir água-benta a ela e às outras Irmãs, e dizia: "Minhas Irmãs e minhas filhas, vocês devem lembrar sempre e guardar na memória a água bendita que saiu do lado direito de Nosso Senhor Jesus Cristo pendente na cruz".

9 Também disse que, quando a santíssima mãe enviava as Irmãs servidoras fora do mosteiro, exortava-as a que, vendo as árvores bonitas, floridas e frondosas, louvassem a Deus; e semelhantemente, quando vissem os homens e as outras criaturas, sempre louvassem a Deus por todas e em todas as coisas.

15ª testemunha

1 No dia 28 do mês de novembro, na enfermaria do mosteiro, presentes Frei Marcos, Irmã Filipa e as outras Irmãs, Irmã *Balbina de Porzano*, monja do Mosteiro de São Damião, fez o juramento e falou bem amplamente da santidade da vida de Dona Clara e de sua grande bondade.

2 Também disse que ela mesma, testemunha, viu o portão que caiu em cima da madre Santa Clara, quando ainda não tinha sido levantado. E referiu que Santa Clara dizia que aquele portão não lhe tinha feito mal algum, pois tinha ficado sobre ela como um manto. E a testemunha disse que o portão era muito pesado e que ela correu com as outras Irmãs aos gritos da Irmã Angeluccia, pois todas temiam que o portão a tivesse matado. – Interrogada sobre o tempo, disse que fazia uns 7 anos.

[...]

1 Também no mesmo dia, 28 de novembro, no recinto do claustro de São Damião, estando presentes Messer Leonardo, arcediago de Espoleto, e Dom Tiago, arcipreste de Trevi, na companhia do sobredito Messer Bartolomeu, bispo de Espoleto e de Frei Marcos, da Ordem dos Frades Menores, capelão do referido mosteiro, reunidas todas as monjas enclausuradas do Mosteiro de São Damião, algumas fizeram o juramento de dizer a verdade e deram testemunho sobre a vida, conversão e comportamento da senhora Santa Clara, de santa memória, e sobre os milagres que diziam ter sido feitos pelos seus méritos. Então, a senhora Irmã Benedita, então abadessa, com as outras monjas do Mosteiro de São Damião, disseram de comum acordo, em presença do venerável bispo espoletano, que tudo aquilo que se encontrava de santidade em alguma santa que tenha havido depois da Virgem Maria pode ser verdadeiramente dito e testificado de Dona Clara, de santa memória, sua ex-abadessa e mãe santíssima.

É o que pode ser descoberto e compreendido nela, na sua vida. Por isso, todas estavam prontas a jurar, falar e testemunhar nesse sentido. E que elas viram a sua conversão maravilhosa e, no tempo em que cada uma esteve com ela no mosteiro, todas foram testemunhas da santidade de sua vida e do seu angélico comportamento. São coisas que jamais poderiam ser explicadas com palavras humanas.

16ª testemunha

1 Naquele mesmo dia, na Igreja de São Paulo, de Assis, diante do venerável senhor bispo de Espoleto, presente também Andriolo de Bartolo, Vianello de Benvenuto Lucchese e outros mais, Messer *Hugolino de Pedro Girardone*, cavalheiro de Assis, jurando sobre a vida, conversão, comportamento e milagres que dizem ter sido feitos pelos méritos de Dona Clara, de santa memória, disse que Santa Clara foi de nobilíssima progênie de Assis, pois que Messer Ofreduccio de Bernardino foi seu avô, e desse Ofreduccio foi filho Messer Favarone, pai de Santa Clara.

2 A qual Santa Clara foi virgem e, na casa de seu pai, era de honestíssimo comportamento, graciosa e bondosa para com todos. E, como São Francisco foi o primeiro da Ordem dos Frades Menores, tendo começado e organizado essa Ordem, assim a santa virgem Clara, por vontade de Deus, foi a primeira da Ordem das mulheres reclusas. E governou a Ordem com toda santidade e bondade, como se vê e é testemunhado pela opinião pública.

3 Também disse que a virgem Santa Clara entrou na Ordem devido à pregação de São Francisco e por sua exortação, como é público.

4 Também disse que, tendo deixado sua mulher, chamada Dona Guiduccia, e tendo-a mandado de volta para a casa de seu pai e sua mãe, ficou 22 anos ou mais separado dela. Não havia mais quem o convencesse de que devia mandar buscá-la e acolhê-la, ainda que tivesse sido exortado muitas vezes, até por pessoas religiosas. Finalmente, disseram-lhe, da parte de Santa Clara, que ela soubera por uma visão que ele, Messer Hugolino, devia em breve recebê-la e ter com ela um filho, que lhe daria muita alegria e muita consolação. Quando ouviu isso, a testemunha teve um pesar muito grande.

Mas, depois de poucos dias, sentiu-se obrigado por tamanho desejo que mandou buscar e acolheu a esposa que tinha deixado tanto tempo antes. E depois, como tinha sido conhecido em visão pela senhora Santa Clara, teve com ela um filho que ainda vive e lhe dá muita alegria e consolação.

5 Interrogado sobre se tinha visto Dona Clara quando estava em casa de seu pai e mãe, como tinha dito acima, respondeu que sim, que a viu viver tão santa e honesta, como dissera acima.

6 Interrogado sobre como sabia que a virgem de Deus, Clara, tinha entrado na Religião pelas pregações de São Francisco, respondeu que isso era coisa pública e conhecida por todos. E que ele ouviu que São Francisco cortou o cabelo dela na Igreja de Santa Maria da Porciúncula. E depois que ela entrou no Mosteiro de São Damião, ouviu, e isso é manifesto e conhecido, que foi de tanta santidade e bondade em sua Ordem quanta deve ser uma santa no céu.

Na mesma hora e lugar, presentes como testemunhas Messer Ângelo de Pélcio e Bonamância Barbieri, diante do sobredito senhor bispo, Dona Bona de Guelfuccio, Rainério de Bernardo e Pedro de Damião juraram sobre a vida, conversão, comportamento e milagres de Santa Clara.

17ª testemunha

1 Dona *Bona de Guelfuccio de Assis* fez o juramento e disse que conheceu Santa Clara desde o tempo em que estava em casa de seu pai, pois vivia e estava na casa com ela. Que acreditava firmemente que ela tinha sido santificada no seio de sua mãe, pela santidade que demonstrou tanto antes como depois de entrar na Religião. Pois mandava para os pobres os alimentos que dizia ter comido, e a testemunha podia garantir que, muitas vezes, foi ela mesma que os levou.

2 Dona Clara sempre foi tida por todos como virgem puríssima e tinha grande fervor de espírito para saber como servir e agradar a Deus.

3 Por essa razão, a testemunha foi muitas vezes com ela conversar com São Francisco, e ia secretamente para não ser vista pelos parentes.

Interrogada sobre o que lhe dizia São Francisco, respondeu que sempre lhe pregava que se convertesse a Jesus Cristo, e Frei Filipe fazia o mesmo. E ela os ouvia de boa vontade e concordava com todas as coisas boas que lhe eram ditas.

Interrogada sobre quanto tempo fazia que tinham dito essas coisas, respondeu que mais de 42 anos; pois fazia 42 anos que ela tinha entrado na Religião.

4 E disse que, no tempo em que entrou na Religião, ela era uma jovem prudente, com cerca de 18 anos, e estava sempre em casa. Ficava escondida, porque não queria ser vista, de maneira que os que passavam na frente da sua casa não a enxergavam. Também era muito benigna e se dedicava às outras boas obras. – Interrogada como sabia dessas coisas, respondeu: "Porque convivia com ela".

5 Interrogada sobre como Dona Clara se converteu, respondeu que São Francisco lhe cortou os cabelos na Igreja de Santa Maria da Porciúncula, segundo o que ouvira. A testemunha não esteve presente, porque tinha ido passar a Quaresma em Roma.

6 Também disse que Dona Clara, antes de lhe cortarem os cabelos, a tinha mandado visitar a Igreja de São Tiago, pois Dona Clara era cheia de graça e queria que as outras também o fossem.

7 Além disso, quando ainda estava no século, Dona Clara deu à testemunha uma certa quantia em dinheiro, por devoção, e mandou que o levasse aos que trabalhavam em Santa Maria da Porciúncula, para comprarem carne.

8 Sobre a santidade de Santa Clara, disse que foi tão grande que ela ainda conservava no coração provas infinitas, inexprimíveis, porque tudo que a madre Santa Clara dizia servia de ensinamento para os outros.

18ª testemunha

1 Messer *Rainério de Bernardo de Assis* fez o juramento e disse que ele não duvidava da santidade de Santa Clara, de boa memória. Achava que era uma santa no céu. E que, se alguém duvidasse dela, não daria para acreditar em mais nenhuma; ficaria parecendo que a nossa fé não tem consistência.

Pois a testemunha conheceu a referida Dona Clara quando era criança na casa de seu pai. Era virgem e começou muito cedo a cuidar das obras da santidade, como se tivesse sido santificada no ventre de sua mãe.

2 Pois que, sendo ela bonita de rosto, tratava-se de dar-lhe marido. Por isso, muitos de seus parentes lhe pediam que consentisse em casar-se. Mas ela nunca quis saber. Ele mesmo, testemunha, tinha pedido muitas vezes que ela concordasse em casar-se, mas ela não queria nem ouvir. Antes, era ela quem lhe pregava sobre o desprezo do mundo.

Interrogado sobre como sabia dessas coisas, respondeu que sua esposa era parente de Dona Clara e, por isso, a testemunha convivia confidentemente em sua casa e via essas boas obras.

3 Interrogado sobre as boas obras que ela fazia, respondeu que jejuava, rezava, dava esmolas quanto podia e de boa vontade. E quando se assentava com os da casa, sempre queria falar das coisas de Deus; e logo que pôde, fez que seus cabelos fossem cortados por São Francisco. E querendo os seus parentes arrancá-la de São Paulo para levá-la de volta para Assis, não puderam de modo algum, pois ela não quis e lhes mostrou a cabeça raspada. E assim a deixaram ficar.

4 E a predita Dona Clara foi das mais nobres da cidade de Assis, dos dois lados, por parte de pai e de mãe. – Interrogado sobre como sabia dessas coisas, respondeu que era público em toda a região.

5 Essa testemunha também disse que, depois que Dona Clara foi morar em São Damião, como era santa, assim ensinou suas filhas a servirem a Deus em santidade, como hoje elas o demonstram.

6 E firmemente creem todos os cidadãos que, pelas orações e méritos da predita senhora Santa Clara, o mosteiro foi defendido e a cidade foi libertada de seus inimigos.

7 Interrogado sobre quanto tempo fazia que Santa Clara tinha entrado na Religião, respondeu que fazia mais de 40 anos.

19ª testemunha

1 *Pedro de Damião da cidade de Assis* fez o juramento e disse que ele e seu pai eram vizinhos da casa de Santa Clara, do pai e demais membros de sua casa.

E conheceu a Senhora Clara enquanto esteve no século e conheceu seu pai Messer Favarone, nobre, grande e poderoso na cidade, ele e os outros de sua casa. E Dona Clara foi nobre, de nobre parentesco e de comportamento honesto; e eram sete os cavaleiros de sua casa, todos nobres e poderosos.

Interrogado sobre como sabia dessas coisas, respondeu que as viu, porque era seu vizinho.

2 Já então Dona Clara, criança naquele tempo, vivia espiritualmente, como se acreditava. Tinha visto como seu pai, mãe e parentes queriam casá-la segundo a sua nobreza, magnificamente, com homens grandes e poderosos. Mas a jovem, que podia ter uns 17 anos, não pôde ser convencida de modo algum, porque quis permanecer na virgindade e viver em pobreza, como depois demonstrou, pois vendeu toda a sua herança e a deu aos pobres. E era tida por todos como de bom comportamento.

Interrogado sobre como o sabia, respondeu que era seu vizinho e sabia que ninguém conseguiu jamais convencê-la a aproximar seu ânimo das coisas mundanas.

20ª testemunha

1 No dia 29 de novembro, na Igreja de São Paulo, presentes Messer Leonardo, arcediago de Espoleto, Dom Tiago, arcipreste de Trevi, na presença do predito senhor bispo de Espoleto, *João de Ventura de Assis* jurou sobre as preditas coisas e disse que tinha sido frequentador da casa de Dona Clara enquanto ela, menina virgem, estava ainda com seu pai, porque era empregado familiar da casa.

2 Dona Clara podia ter 18 anos mais ou menos e era da mais nobre parentela de toda a cidade de Assis, do lado do pai e da mãe. Seu pai chamou-se Messer Favarone, e seu avô Messer Offreduccio de Bernardino. A menina era tão honesta na vida e nos costumes, como se tivesse estado por muito tempo no mosteiro.

3 Interrogado sobre a vida que levava, respondeu: "Ainda que a corte de sua casa fosse das maiores da cidade e lá se fizessem grandes despesas, ela deixava de lado e guardava os alimentos que lhe eram dados para comer, na fartura de uma casa grande, e depois os mandava para os pobres". – Interrogado sobre como sabia dessas coisas, respondeu que, estando em casa, via e acreditava firmemente, porque assim se dizia.

4 E que, estando ela ainda na casa do pai, usava uma estamenha branca sob os outros vestidos.

5 Disse também que ela jejuava e estava em oração e fazia as outras obras piedosas, como ele a viu fazer, e que se acreditava que desde o princípio tinha sido inspirada pelo Espírito Santo.

6 Também disse que Dona Clara, ao ouvir que São Francisco tinha escolhido o caminho da pobreza, propôs em seu coração fazer também ela a mesma coisa. E assim teve seus cabelos cortados pelo próprio São Francisco na Igreja de Santa Maria da Porciúncula ou na Igreja de São Paulo. E querendo seus parentes arrancá-la da Igreja de São Paulo e levá-la de volta para Assis, ela lhes mostrou a cabeça raspada. – Interrogado sobre como o sabia, respondeu que o ouviu dizer, e era de público conhecimento.

7 E depois que foi para São Damião, onde se tornou mãe e mestra da Ordem de São Damião, lá gerou muitos filhos e filhas no Senhor nosso Jesus Cristo, como hoje se vê.

8 Também disse que de sua santidade ninguém deveria duvidar de modo algum, pois o Senhor faz por ela muitos milagres, como é manifesto.

9 Também disse que naquele ano, depois da morte da senhora Santa Clara, viu um estrangeiro furioso, ou então endemoninhado, sendo levado amarrado ao sepulcro da santa Dona Clara, e naquele lugar foi libertado.

Interrogado sobre como sabia disso, respondeu que tinha visto o homem que sofria dessa doença e também como foi curado de repente no sepulcro de Santa Clara. – Interrogado sobre o nome do doente, respondeu que não sabia, pois ele não era destas partes.

Interrogado sobre o santo que tinham invocado para curá-lo, respondeu que foi no sepulcro da senhora Santa Clara. E isso foi público e notório.

Interrogado sobre o mês e o dia em que isso aconteceu, respondeu que achava que tinha sido no mês de setembro próximo passado. Sobre o dia disse que não se lembrava. – Interrogado sobre quem estava presente, respondeu que todos os que o viram na praça e acorreram com ele ao sepulcro da senhora Santa Clara.

Fim. Graças a Deus. Amém.

2
Bula de Canonização de Santa Clara de Assis

[1][Alexandre, bispo, servo dos servos de Deus], a todos os veneráveis irmãos arcebispos e bispos estabelecidos no reino da França: [saúde e bênção apostólica].

[2]Clara, preclara por seus claros méritos, clareia claramente no céu pela claridade da grande glória, e na terra pelo esplendor dos milagres sublimes. [3]Brilha aqui claramente sua estrita e elevada religião, irradia no alto a grandeza de seu prêmio eterno, e sua virtude resplandece para os mortais com sinais magníficos.

[4]A esta Clara foi dado o título do privilégio da mais alta pobreza; a ela é dada nas alturas como recompensa uma profusão inestimável de tesouros; e os católicos demonstram para com ela plena devoção e uma honra imensa. [5]Esta Clara foi distinguida aqui por suas obras fúlgidas, esta Clara é clarificada no alto pela plenitude da luz divina. E a maravilha de seus prodígios estupendos declara-a aos povos cristãos.

[6]Ó Clara, dotada de tantos modos pelos títulos da claridade! Foste clara antes da tua conversão, mais clara na conversão, preclara por teu comportamento no claustro e brilhaste claríssima depois do curso da presente existência! [7]O mundo recebeu de Clara um claro espelho de exemplo: por entre os prazeres celestiais, ela oferece o lírio suave da virgindade. E na terra, sentem-se os remédios manifestos do seu auxílio.

[8]Ó admirável clareza da bem-aventurada Clara, que quanto mais diligentemente é buscada em pontos particulares mais esplendidamente é encontrada em tudo. [9]Brilhou no século e resplandeceu na religião. Em casa foi luminosa como um raio, no claustro teve o clarão de um relâmpago! [10]Brilhou na vida, irradia depois da morte.

Foi clara na terra e reluz no céu! [11]Como é grande a veemência de sua luz e como é veemente a iluminação de sua claridade! [12]Ficava esta luz fechada no segredo do claustro, mas emitia raios brilhantes para fora. Recolhia-se no estreito convento, e se espalhava pelo amplo mundo. [13]Guardava-se lá dentro e manava fora. [14]Pois Clara se escondia, mas sua vida se manifestava; Clara se calava, mas sua fama clamava; trancava-se na cela e era conhecida pelas cidades afora.

[15]Nem é de admirar, porque *uma luz* tão *acesa*, tão *luminosa não podia esconder-se*, deixando de brilhar e de dar uma clara luminosidade *na casa* (cf. Mt 5,14.15) do Senhor. Nem poderia fechar-se um vaso de tantos aromas, deixando de perfumar e de impregnar com suave odor a mansão do Senhor. [16]Mais, como quebrou com dureza o *alabastro* de seu corpo no estreito recinto da solidão, o ambiente da Igreja *ficou totalmente repleto com o odor* (cf. Mt 26,7; Jo 12,3) de sua santidade.

[17]De fato, quando ainda menina, no século, procurou desde a mais tenra idade atravessar por um atalho limpo este mundo frágil e imundo, guardando sempre o precioso tesouro de sua virgindade com ilibado pudor, [18]de forma que sua fama grata e louvável passou aos vizinhos e a outros, e São Francisco, ouvindo apregoar esse conceito de que gozava, começou logo a exortá-la, induzindo-a ao perfeito serviço de Cristo. [19]Ela, acolhendo logo suas santas exortações e desejando renunciar totalmente ao mundo com todas as coisas terrenas e servir só a Deus na pobreza voluntária, cumpriu logo que pôde esse seu ardente desejo. [20]Porque, afinal, transformou *todos os seus bens em esmolas* e as distribuiu para ajudar *os pobres* (cf. Lc 12,33; 18,22), entregando juntos a Cristo ela mesma e tudo que era seu.

[21]Quando quis fugir do ruído do mundo, foi para uma igreja do campo, onde recebeu a sagrada tonsura do próprio São Francisco, e passou para uma outra. Aí seus parentes quiseram levá-la de volta, mas ela imediatamente abraçou o altar, agarrou suas toalhas e, mostrando o corte dos cabelos, resistiu com força e constância aos parentes, tomando essa atitude. [22]Porque, como já estava unida a Deus com toda a sua decisão, não podia suportar que a afastassem de seu serviço.

[23]Finalmente foi levada pelo próprio São Francisco para a Igreja de São Damião, fora da cidade de Assis, onde nascera. E o Senhor lhe ajuntou muitas companheiras, para o amor e o culto assíduo de seu nome. [24]Pois foi dela que recebeu salutar início a insigne e santa Ordem de São Damião, já amplamente espalhada neste mundo. [25]Foi ela que, a conselho de São Francisco, deu começo a esse novo modo de viver a santa observância. [26]Foi ela o primeiro e estável fundamento dessa grande família religiosa. Foi ela a primeira pedra dessa elevada obra.

[27]De família nobre, mas ainda mais nobre pelo comportamento, ela, que já antes havia guardado a virgindade, conservou-a principalmente sob essa regra religiosa. [28]Mais tarde, sua mãe, chamada Hortolana, mulher dedicada às boas obras, entrou devotamente nesta religião seguindo o exemplo da filha. [29]E aí, afinal, essa ótima hortelã, que produziu tal planta na horta do Senhor, concluiu felizmente os seus dias. [30]Depois de alguns anos, a bem-aventurada Clara, vencida pela forte insistência do próprio São Francisco, aceitou o governo do mosteiro e das Irmãs.

[31]Na verdade, ela foi a *árvore destacada* (cf. Dn 4,8) e eminente, de ampla ramagem, que deu o doce fruto da religião no campo da Igreja, *e em cuja sombra* agradável e gostosa acorreram e acorrem de toda parte muitas discípulas de fé para saborear um *fruto tão especial* (cf. Ct 2,3). [32]Ela foi o veio límpido do Vale de Espoleto, que proporcionou uma nova *fonte de água* (cf. Est 10,6) da vida para refazer e ajudar as almas. E se espalhou em ribeiros diversos no território da Igreja, regando o plantio da religião. [33]Ela foi um elevado *candelabro* da santidade, brilhando com força *no tabernáculo* (cf. Hb 9,2) do Senhor, e para seu enorme esplendor correram e correm tantas, querendo em sua luz acender *suas lâmpadas* (cf. Mt 25,7). [34]É certo que ela plantou e cultivou no campo da fé a vinha da pobreza, da qual se colhem frutos de salvação, abundantes e ricos. [35]Ela fez no terreno da Igreja o jardim da humildade, formado pela falta de muitas coisas, em que se colhe uma grande variedade de virtudes. [36]Ela edificou nas terras da religião a fortaleza da abstinência estrita, em que se serve a refeição abundante dos pratos espirituais.

[37]Ela foi a primeira entre os pobres, a comandante dos humildes, mestra dos continentes, e abadessa dos penitentes. [38]Ela governou o seu mosteiro e a família que nele lhe foi confiada, com solicitude e prudência no temor e no serviço do Senhor e na plena observância da Ordem: [39]Vigilante no cuidado, esforçada no serviço, atenta na exortação; diligente para admoestar, prestimosa para se compadecer, discreta para se calar, madura no silêncio, experimentada em todas as coisas oportunas para um perfeito governo, querendo mais prestar serviço do que dominar, e mais honrar do que ser honrada. [40]Sua vida era instrução e doutrina para as outras. [41]Nesse *livro da vida* (cf. Ap 21,27), as outras aprenderam a regra do bem-viver; nesse espelho da vida, as Irmãs contemplaram os caminhos da vida. [42]Pois permanecia na terra com o corpo, mas de ânimo andava pelo céu. Foi vaso da humildade, armário da castidade, ardor da caridade, doçura da bondade, força da paciência, vínculo de paz e comunhão de familiaridade. Mansa de palavra, doce nas atitudes, em tudo amável e bem-aceita.

[43]Para fortalecer o espírito, abatendo a carne (porque todos ficam fortes quando o inimigo se enfraquece), usava como leito o solo nu e, às vezes, uns sarmentos, colocando como travesseiro embaixo da cabeça um duro tronco, [44]contente com uma só túnica e um manto de pano grosseiro, desprezado e rude. [45]Servia-se dessas roupas humildes para cobrir seu corpo, usando, às vezes, junto à carne um áspero cilício feito de cordinhas de crina de cavalo. [46]Parca também no comer e discreta no beber, freava-se com tanta abstinência nessas coisas que, por muito tempo, não provou absolutamente nada como alimento de seu corpo em três dias da semana: nas segundas, quartas e sextas-feiras. [47]E também nos outros dias se restringia tanto na limitação do alimento que os outros se admiravam de que pudesse sobreviver com tão forte rigor.

[48]Entregando-se também assiduamente a vigílias e orações, era a isso que dedicava principalmente seu tempo de dia e de noite. [49]No fim, afetada por constantes doenças, como não podia levantar-se sozinha para nenhum exercício corporal, era erguida com auxílio de suas Irmãs e, com apoios colocados nas costas, *trabalhava com as pró-*

prias mãos (cf. 1Cor 4,12) para não ser ociosa nem em suas enfermidades. [50]Foi assim que fez fazer com pano de linho desse seu esforço e trabalho muitos corporais para o sacrifício do altar, mandando-os distribuir pelas planícies e montanhas de Assis a diversas igrejas.

[51]Mas, como amava principalmente e cultivava com zelo a pobreza, fixou-a de tal forma em seu coração, uniu-a tanto a seus desejos que, cada vez mais firme no seu amor e mais ardente no seu abraço, nunca se afastou dessa apertada e gostosa união por necessidade alguma. [52]E jamais pôde ser levada pela persuasão de ninguém a consentir que seu mosteiro tivesse propriedades particulares, ainda que o Papa Gregório, nosso predecessor de feliz recordação, pensando piedosamente na enorme indigência de seu mosteiro, tenha querido dar-lhe de boa vontade as propriedades suficientes e adequadas para o sustento de suas irmãs.

[53]Mas como não dá para suprimir um luminar grande e esplêndido, impedindo que solte seus raios de claridade, assim foi sua vida, brilhante em muitos e variados milagres pela força de sua santidade. [54]Pois devolveu a voz a uma das Irmãs do próprio mosteiro, que a perdera quase completamente havia muito tempo. [55]A outra, destituída por completo do uso da língua, deixou falando correntemente. [56]A outra abriu um ouvido surdo. [57]Curou uma que tinha febre, uma inchada pela hidropisia, uma com a chaga de uma fístula e outras oprimidas por outras doenças, fazendo sobre elas o sinal da cruz. [58]A um frade da Ordem dos Menores curou da loucura de que padecia.

[59]Pois uma vez, faltando totalmente o azeite no mosteiro, ela chamou o frade que lá estava, encarregado de pedir esmolas, tomou uma vasilha, lavou-a e colocou-a vazia junto à porta do mosteiro para que o frade a levasse para conseguir o óleo. [60]Mas, quando ele foi pegá-la, encontrou-a cheia de azeite, por dom da liberalidade divina.

[61]Outra vez, como não houvesse um dia no mosteiro mais do que meio pão para a refeição das Irmãs, ela mandou dividir essa metade em porções para dar às Irmãs. Aquele que é *o pão vivo* e *dá de comer aos que têm fome* (Jo 6,41; Sl 145,7), [62]multiplicou-a nas mãos da que a partia de tal forma que deu para cinquenta porções

suficientes, que *foram distribuídas* às Irmãs *já sentadas* à mesa (cf. Lc 9,14-16).

[63]Por esses e outros sinais notáveis destacou-se, enquanto viva, pela eminência de seus méritos. [64]Mas também quando estava nas últimas, viu-se um alvo grupo de bem-aventuradas virgens, de coroas refulgentes, em que uma se destacava com maior fulgor, entrando no aposento [65]em que a serva de Deus jazia. Foram até a sua cama e demonstraram estar cumprindo para com ela como que o dever de visitar, dando o conforto de consolação, num gesto de humanidade.

[66]Depois de sua morte, levaram ao seu sepulcro um homem que vivia caindo por sofrer de epilepsia, e nem podia andar por causa de uma perna encolhida. Lá, a própria perna fez um ruído de estar quebrando-se e ele ficou livre dos dois males. [67]Nesse mesmo lugar, receberam a cura integral pessoas curvadas na cintura, de membros aleijados, tomadas de fúria e atacadas pelo mal da demência. [68]Houve um, cuja mão direita, perdida para o uso por uma violenta pancada, tinha ficado inútil, pois não conseguia fazer nada, mas, pelos méritos da santa, foi plenamente recuperada. [69]Outro, que tinha perdido a luz dos olhos por prolongada cegueira, foi levado ao sepulcro com ajuda de outra pessoa, mas ali recuperou a visão e voltou sem quem o dirigisse. [70]Esta virgem gloriosa resplandeceu por essas e muitas outras obras e milagres gloriosos, de forma que parece evidentemente cumprido o que sua mãe disse que ouviu, quando estava rezando, na gravidez em que a esperava: que haveria de gerar uma luz que iria iluminar bastante o mundo.

[71]Alegre-se então a Mãe Igreja, que gerou e educou essa filha que, como genitora fecunda de virtudes, produziu com seus exemplos muitas discípulas da religião, formando-as para o serviço perfeito de Cristo com perfeição. [72]Alegre-se também a alegre multidão dos fiéis, porque o *Rei* e Senhor dos céus *levou* (cf. Ct 1,3; Mt 22,2) com glória para o seu alto e preclaro palácio a sua irmã e companheira, que Ele havia escolhido como esposa. [73]Porque também as fileiras dos santos estão festejando juntas, pois, em suas habitações celestes, celebram-se as núpcias da noiva real.

[74]De resto, como é conveniente que a Igreja Católica venere na terra aquela que Deus exaltou no céu, [75]pois, após diligente e

cuidadosa pesquisa, um exame detalhado e uma solene discussão, ficaram bem comprovados sua santidade de vida e seus milagres, [76]ainda que seus atos fossem já claramente conhecidos, tanto aqui por perto como em países afastados, [77]nós decidimos colocá-la na lista dos santos, com o conselho e o consentimento comum de nossos irmãos e de todos os prelados então presentes na Sé Apostólica, confiando na onipotência divina, por autoridade dos bem-aventurados apóstolos Pedro e Paulo e nossa.

[78]Por isso, recomendamos e exortamos atentamente a vós todos, mandando por esta carta apostólica que celebreis com devoção e solenidade a festa desta virgem no dia 12 de agosto [79]e que a façais celebrar por vossos súditos com toda veneração, para que mereçais tê-la como piedosa e diligente ajuda diante de Deus. — [80]E para que os povos cristãos acorram em multidões para venerar com maior desejo e abundância o seu sepulcro e para que sua festa se celebre com maior esplendor, [82]nós, confiando [na misericórdia] do [Deus] todo-poderoso [e na autoridade de seus bem-aventurados apóstolos Pedro e Paulo], dispensamos 1 ano e 40 dias das penitências impostas [81]a todos aqueles que [verdadeiramente arrependidos e confessados] forem cada ano venerar reverentemente seu sepulcro, impetrando humildemente sua intercessão, no dia da festa da Virgem.

[83] [Dado em Anagni, no dia 26 de setembro (de 1255), no primeiro ano de nosso pontificado.]

3
Legenda de Santa Clara virgem

Carta introdutória dirigida ao sumo pontífice sobre a Legenda de Santa Clara virgem

[1]Como que sob o peso da decrepitude de um mundo envelhecido, escurecia a visão da fé, vacilava o passo dos costumes, murchava o vigor das empresas varonis, pior: à escória dos tempos se juntava a escória dos vícios, [2]então Deus, que ama os homens, suscitando do segredo de sua piedade novas Ordens santas, providenciou por elas uma base para a fé e uma norma para a reforma dos costumes.

[3]Eu diria que esses fundadores modernos e seus autênticos seguidores são luminares do mundo, guias do caminho, mestres da vida; com eles despontou um fulgor de meio-dia num mundo em ocaso *para que os que caminhavam nas trevas vissem* a luz (cf. Is 9,2).

[4]E não convinha que faltasse ajuda ao sexo mais débil, pois, colhido no abismo da concupiscência, não era atraído ao pecado por menor desejo. Antes, a maior fragilidade bastante o impelia. [5]Deus suscitou por isso a venerável virgem Clara e acendeu nela uma luz claríssima para as mulheres. [6]A ela incluíste no catálogo dos santos, papa beatíssimo, levado pela evidência dos prodígios, *colocando-a sobre o candelabro para ser luz de todos os que estão em casa* (Mt 5,15).

[7]Nós te honramos como pai dessas Ordens, reconhecemos que as fizeste crescer. Abraçamos-te como protetor, veneramos-te como senhor. [8]Pois és solícito no governo universal da nave imensa, sem deixar de lado o cuidado especial e atento também pela barquinha[1].

[9]Aprouve à vossa senhoria mandar à minha pequenez que, examinando os atos de Santa Clara, compusesse sua Legenda. [10]Na mi-

---

[1] Reinaldo, conde de Segni, tinha sido protetor da Ordem (a barquinha) e agora, como sumo pontífice, governava a nave imensa da Igreja com o nome de Alexandre IV.

nha imperícia literária, temeria tal encargo, se a autoridade pontifícia não tivesse insistido mais de uma vez, pessoalmente. [11]Dispondo-me ao mandato, mas inseguro com o documentário incompleto que lia, recorri aos companheiros do bem-aventurado Francisco e à própria comunidade das virgens de Cristo, repensando frequentemente no coração que antigamente só podiam fazer história os que tivessem visto ou recebido [as informações] dos que viram.

[12]Informando-me essas pessoas mais plenamente no respeito à verdade, *com temor do Senhor* (cf. Tb 6,22; 9,12), recolhi alguns dados e omiti muitos, redigindo em estilo simples, [13]para que as virgens tenham prazer em ler as glórias da virgem e a inteligência do inculto não se confunda com palavras empoladas. [14]Sigam os homens esses varões, novos discípulos do Verbo encarnado; as mulheres imitem Clara, vestígio da Mãe de Deus e nova guia das mulheres.

[15]Santíssimo padre, como nisto tens plena autoridade para corrigir, eliminar e acrescentar, assim em tudo a ti minha vontade se submete, concordando e implorando. Conceda-te o Senhor Jesus Cristo saúde e prosperidade, agora e para sempre. Amém.

Começa a Legenda da virgem Santa Clara – Antes de tudo, seu nascimento

1 [1]Mulher admirável por seu nome, Clara de palavra e virtude, natural de Assis, de família muito preclara, foi concidadã do bem-aventurado Francisco na terra e, depois, foi reinar com ele na glória.

[2]O pai era militar, e a família, de cavaleiros, dos dois lados. A casa era abastada, e as riquezas, para o padrão local, copiosas.

[3]Sua mãe Hortolana[2], que devia dar à luz a planta frutífera no jardim da Igreja, também era rica em não poucos bons frutos. [4]Embora presa aos laços do matrimônio e aos cuidados familiares, entregava-se como podia ao serviço de Deus e a intensas práticas de piedade. [5]Tanto que, por devoção, foi com os peregrinos ao ul-

---

[2] Hortolana quer dizer hortelá, ou jardineira. O autor aproveita para uma figura de linguagem.

tramar e voltou toda feliz, depois de visitar os lugares que o Deus-Homem consagrou com suas pegadas. [6]Também foi ao Santuário de São Miguel Arcanjo para rezar e visitou piedosamente as basílicas dos apóstolos.

2 [1]Para que vou dizer mais? *A árvore se conhece pelo fruto* (cf. Mt 12,33; Lc 6,44), e o fruto é recomendado pela árvore. [2]Já houve abundância de dons divinos na raiz para que houvesse abundância de santidade no ramo pequeno. [3]A mãe, grávida, próxima de dar à luz, estava orando ao Crucificado diante da cruz, na igreja, para passar saudavelmente pelos perigos do parto, quando *ouviu uma voz que dizia* (cf. At 9,4): [4]Não temas, mulher, porque, salva, vais dar ao mundo uma luz que vai deixar a própria luz mais clara. [5]Instruída pelo oráculo, quis que a filhinha, ao renascer pelo sagrado batismo, se chamasse Clara, esperando que se cumprisse de algum modo, pelo beneplácito da vontade divina, a claridade da luz prometida.

Sua vida na casa paterna

3 [1]Apenas dada à luz, a pequena Clara começou a brilhar com luminosidade muito precoce nas sombras do século e a resplandecer na tenra infância pelos bons costumes. [2]De coração dócil, recebeu primeiro dos lábios da mãe os rudimentos da fé e, inspirando-a e formando-a interiormente o espírito, esse vaso, em verdade puríssimo, se revelou vaso de graças.

[3]*Estendia a mão com prazer para os pobres* (cf. Pr 31,20) e, da *abundância* de sua casa, *supria a indigência* (cf. 2Cor 8,14) de muitos. [4]Para que o sacrifício fosse mais grato a Deus, privava seu próprio corpinho dos alimentos mais delicados e, enviando-os às ocultas por intermediários, reanimava o estômago de seus protegidos. [5]Assim *cresceu a misericórdia com ela desde a infância* (cf. Jó 31,18), e tinha um coração compassivo, movido pela miséria dos infelizes.

4 [1]Gostava de cultivar a santa oração, em que, orvalhada muitas vezes pelo bom odor, foi praticando aos poucos a vida virginal. [2]Como não dispunha de contas para repassar os Pai-nossos, usava um monte de pedrinhas para numerar suas pequenas orações ao Senhor.

³Ao sentir os primeiros estímulos do santo amor, instruída pela unção do Espírito, achou que devia desprezar a instável e falsa flor da mundanidade, relativizando as coisas que valem menos. ⁴Debaixo dos vestidos preciosos e finos, usava um ciliciozinho escondido, florescendo por fora para o mundo e *vestindo Cristo no interior* (cf. Rm 13,14).

⁵Afinal, querendo os seus que se casasse na nobreza, não concordou absolutamente. Fazia que adiava o matrimônio mortal e confiava sua virgindade ao Senhor.

⁶Foram esses os ensaios de virtude em sua casa paterna. Assim foram suas primícias espirituais e os prelúdios de santidade. ⁷Transbordando de perfumes, mesmo fechada, sua fragrância atraía, como um cofre de aromas. ⁸Sem o saber, começou a ser louvada pelos vizinhos. A justa fama divulgou seus atos secretos, e se espalhou no povo a notícia de sua bondade.

Como conheceu o bem-aventurado Francisco e ficou amiga dele

5 ¹Quando ouviu falar do então famoso Francisco que, como homem novo, renovava com novas virtudes o caminho da perfeição, tão apagado no mundo, quis logo vê-lo e ouvi-lo, movida pelo Pai dos espíritos, de quem um e outra, embora de modo diferente, tinham recebido os primeiros impulsos.

²Ele, conhecendo a fama de tão agraciada donzela, não tinha menor desejo de ver e falar com ela para ver *se podia arrebatar essa presa do século malvado* (cf. Gl 1,4) e reivindicá-la para seu Senhor, pois estava ávido de conquistas e viera despovoar o reino do mundo. ³Ele a visitou, e ela o fez mais vezes ainda, moderando a frequência dos encontros para evitar que aquela busca divina fosse notada pelas pessoas e mal-interpretada por boatos.

⁴A moça saía de casa, levando uma só companheira, e frequentava os encontros secretos com o homem de Deus. Suas palavras pareciam flamejantes e considerava suas ações sobre-humanas.

⁵O pai Francisco exortava-a a desprezar o mundo, mostrando com vivas expressões que a esperança do século é seca e sua aparência enganadora. Instilou em seu ouvido o doce esponsal com

Cristo, persuadindo-a a reservar a joia da pureza virginal para o bem-aventurado Esposo, a quem o amor fez homem.

6 [1]Para que ficar em tantos pormenores? Ouvindo o pai santíssimo, que agia habilmente como o mais fiel padrinho, a jovem não retardou seu consentimento. [2]Foi-lhe aberta então a visão dos gozos celestes, diante dos quais o próprio mundo é desprezível. Seu desejo derreteu-a por dentro, seu amor fez com que ansiasse pelos esponsais eternos.

[3]Acesa no fogo celeste, desprezou tão soberanamente a glória da vaidade terrena que nada mais se apegou em seu coração dos afagos do mundo. [4]Aborrecendo igualmente as seduções da carne, decidiu desde então *desconhecer o tálamo de culpa* (cf. Sb 3,13), desejando fazer de seu corpo um templo só para Deus, esforçando-se por merecer as núpcias do grande Rei.

[5]Então, submeteu-se toda ao conselho de Francisco, tomando-o como condutor de seu caminho, depois de Deus. [6]Por isso, sua alma ficou pendente de suas santas exortações, e acolhia num coração caloroso tudo que ele lhe ensinava sobre o bom Jesus. [7]Já tinha dificuldade para suportar a elegância dos enfeites mundanos e *desprezava como lixo tudo* que aplaudem lá fora, *para poder ganhar a Cristo* (cf. Fl 3,8).

Como, convertida pelo bem-aventurado Francisco, passou do século para a religião

7 [1]Bem depressa, para que o pó do mundo não pudesse mais empanar o espelho daquela alma límpida e o contágio da vida secular não fermentasse o ázimo de sua idade, o piedoso pai tratou de retirar Clara do século tenebroso.

[2]Aproximava-se a solenidade de Ramos, quando a jovem, de fervoroso coração, foi ter com o homem de Deus, para saber o que e como devia fazer para mudar de vida. [3]Ordenou-lhe o pai Francisco que, no dia da festa, bem-vestida e elegante, fosse receber a palma no meio da multidão e que, de noite, *deixando o acampamento* (cf. Hb 13,13), trocasse o gozo mundano pelo luto da paixão do Senhor.

⁴Quando chegou o domingo³, a jovem entrou na igreja com os outros, brilhando em festa no grupo das senhoras. ⁵Aconteceu um oportuno presságio: os outros se apressaram a ir pegar os ramos, mas Clara ficou parada em seu lugar por recato, e o pontífice desceu os degraus, aproximou-se dela e colocou-lhe a palma nas mãos.

⁶De noite, dispondo-se a cumprir a ordem do santo, empreendeu a ansiada fuga em discreta companhia. ⁷Não querendo sair pela porta habitual, com as próprias mãos abriu outra, obstruída por pesados troncos e pedras, com uma força que lhe pareceu extraordinária.

8 ¹E assim, abandonando o lar, a cidade e os familiares, correu a Santa Maria da Porciúncula, onde os frades, que diante do altar de Deus faziam uma santa vigília, receberam com tochas a virgem Clara. ²Nesse lugar, livrou-se logo da sujeira da Babilônia e deu ao mundo o *libelo de repúdio* (cf. Mt 5,31; Dt 24,1): com os cabelos cortados pela mão dos frades, abandonou seus ornatos variados.

³Nem convinha que, naquele ocaso dos tempos, fosse fundada em outro lugar a Ordem da florescente virgindade, a não ser na casa da que foi a única mãe e virgem, antes e acima de todos. ⁴Era o lugar em que a nova milícia dos pobres dava seus felizes primeiros passos sob o comando de Francisco, para ficar claro que em sua casa a Mãe da misericórdia dava à luz as duas Ordens.

⁵Depois que a humilde serva recebeu as insígnias da santa penitência junto ao altar da bem-aventurada Maria, como se desposasse Cristo junto ao leito da Virgem, São Francisco levou-a logo para a Igreja de São Paulo, para que ficasse lá até que o Altíssimo dispusesse outra coisa.

Como resistiu com firme perseverança ao assalto dos parentes

9 ¹Mal voou a seus familiares a notícia, e eles, com o coração dilacerado, reprovaram a ação e os projetos da moça. Juntaram-se e

---

³ Alguns preferem o Domingo de Ramos 28 de março de 1211, para combinar melhor com os que dizem que ela viveu 42 anos no mosteiro. Preferimos o dia 12 de março de 1212, porque Pacífica de Guelfuccio diz que ela foi nomeada abadessa 3 anos depois da fundação, e isso não pode ter acontecido antes do fim de 1215.

correram ao lugar para tentar conseguir o impossível. ²Recorreram à violência impetuosa, ao veneno dos conselhos, ao agrado das promessas, querendo convencê-la a sair dessa baixeza, indigna de sua linhagem e sem precedentes na região.

³Mas ela segurou as toalhas do altar e mostrou a cabeça tonsurada, garantindo que jamais poderiam afastá-la do serviço de Cristo. ⁴A coragem cresceu com o combate dos parentes, e o amor ferido pelas injúrias deu-lhe forças. ⁵Seu ânimo não esmoreceu, nem seu fervor esfriou, mesmo sofrendo obstáculos por muitos dias no caminho do Senhor e com a oposição dos familiares a seu propósito de santidade. ⁶Entre insultos e ódios, temperou sua decisão na esperança, até que os parentes, derrotados, se acalmaram.

10 ¹Poucos dias depois, foi para a Igreja de Santo Ângelo de Panzo, mas, não encontrando nesse lugar plena paz, mudou-se finalmente para a Igreja de São Damião, a conselho do bem-aventurado Francisco. ²Aí, cravando já no seguro a âncora do espírito, não flutuou mais por mudanças de lugar, não vacilou diante do aperto, nem teve medo da solidão.

³Era a igreja em cuja restauração Francisco suara com tão admirável esforço, oferecendo dinheiro ao sacerdote para reparar a obra. ⁴Foi nela que, estando em oração, Francisco ouviu *uma voz que brotava* (cf. 2Pd 1,17) do madeiro da cruz: ⁵"Francisco, vai, repara minha casa que, como vês, se desmorona toda".

⁶A virgem Clara fechou-se no cárcere⁴ desse lugar apertado por amor ao Esposo celeste. ⁷Abrigando-se da tempestade do mundo, encarcerou seu corpo por toda a vida. ⁸*Aninhando-se nas fendas dessa rocha, a pomba* de prata (cf. Ct 2,14; Jr 48,28) gerou uma fileira de virgens de Cristo, instituiu um santo mosteiro e deu início à Ordem das senhoras pobres.

⁹Aqui, moeu os terrões dos membros no caminho da penitência, lançou as sementes da perfeita justiça, fez com seu passo as marcas para as seguidoras. ¹⁰Nesse apertado recinto, por 42 anos,

---

⁴ Isso parece indicar que Clara teve desde o início o desejo de viver livremente reclusa. O que contradiz a opinião de alguns autores que querem vê-la enclausurada pelo Cardeal Hugolino ou pela Igreja romana.

quebrou o alabastro do corpo com os açoites da disciplina, enchendo a casa da Igreja com o aroma dos perfumes.

[11]Vamos narrar amplamente como viveu com glória nesse lugar, mas primeiro temos que contar quantas e quão grandes almas vieram a Cristo graças a ela.

Fama de suas virtudes difundida por toda parte

[12]Pouco depois, já se espalhava a fama de santidade da virgem Clara pelas regiões vizinhas, e *ao odor de seus perfumes* correram (cf. Ct 1,3) mulheres de toda parte. [13]A seu exemplo, aprestaram-se as virgens a guardar para Cristo o que eram. [14]Casadas, trataram de viver mais castamente. Nobres e ilustres, abandonando vastos palácios, construíram mosteiros apertados [15]e tiveram por grande honra viver, pelo amor de Cristo, *em cinza e cilício* (cf. Mt 11,21).

[16]Até o entusiasmo dos rapazes foi animado para esses certames de pureza e instigado a desprezar os enganos da carne pelo valoroso exemplo do sexo mais fraco. [17]Muitos, afinal, unidos pelo matrimônio, se ligaram de comum acordo pela lei da continência, e foram os homens para as Ordens e as mulheres para os mosteiros. [18]A mãe convidava a filha para Cristo, a filha a mãe; a irmã atraía as irmãs, e a tia as sobrinhas. [19]Todas com fervorosa emulação desejavam servir a Cristo. [20]Todas queriam uma parte nessa vida angélica que Clara fez brilhar.

[21]Numerosas virgens, movidas pela fama de Clara, já procuravam viver regularmente na casa paterna, mesmo sem regra, enquanto não podiam abraçar a vida do claustro. [22]Eram tais esses frutos de salvação dados à luz pela virgem Clara com seus exemplos que nela parecia cumprir-se o dito profético: [23]*A abandonada tem mais filhos do que a casada* (cf. Is 54,1).

Como a notícia de sua bondade chegou a lugares remotos

11 [1]Entretanto, para não reduzir a estreitos limites o veio dessa bênção do céu que brotara no Vale de Espoleto, a divina providência transformou-o em torrente, de modo que *a força do rio alegrou a cidade* (cf. Sl 45,5) inteira da Igreja. [2]A novidade de tais sucessos correu pelo mundo inteiro e começou a ganhar almas para Cristo em toda parte. ³Mesmo encerrada, Clara começou a clarear todo o mundo e refulgiu preclara pelos motivos de louvor.

⁴A fama de suas virtudes invadiu as salas das senhoras ilustres, chegou aos palácios das duquesas e penetrou até nos aposentos das rainhas. ⁵A nata da nobreza dobrou-se a seguir suas pegadas, e a da soberba ascendência de sangue desceu para a santa humildade. ⁶Algumas, dignas de casamentos com duques e reis, estimuladas pela mensagem de Clara, faziam rigorosa penitência, e as casadas com homens poderosos imitavam Clara como podiam.

⁷Numerosas cidades ganharam mosteiros, e mesmo campos e montanhas ficaram bonitos com a construção desses celestes edifícios. ⁸Clara, santa, abriu caminho para propagar a observância da castidade no mundo, devolvendo uma vida nova ao estado virginal. ⁹Hoje, a Igreja rebrota feliz com essas santas flores geradas por Clara, que pede seu apoio dizendo: *Confortai-me com flores, reanimai-me com maçãs, porque estou doente de amor* (Ct 2,5).

¹⁰Mas a pena tem que voltar a seu propósito para dar a conhecer como foi que ela viveu.

A sua santa humildade

12 ¹Ela, pedra primeira e nobre fundamento de sua Ordem, tratou de levantar desde o começo o edifício de todas as virtudes sobre a base da santa humildade. ²De fato, prometeu santa obediência ao bem-aventurado Francisco e não se desviou em nada do prometido.

³Três anos depois da conversão⁵, recusando o nome e o cargo de abadessa, preferiu humildemente submeter-se a presidir, servindo entre as servas de Cristo e não sendo servida. ⁴Por fim, obrigada por São Francisco, assumiu o governo das senhoras.

Daí brotou em seu coração temor e não enchimento, crescendo no serviço e não na independência.

---

⁵ Conversão é o ato de mudança de vida. No Processo de Canonização, o papa manda interrogar especificamente sobre este ponto, e fica evidente que o momento mais alto da conversão de Clara foi o corte de cabelos.

⁵Quanto mais elevada se viu por esse aspecto exterior de superioridade, mais se fez vil aos próprios olhos, disposta a servir, desprezível na aparência. ⁶Não recusava nenhum trabalho servil. Costumava derramar água nas mãos das Irmãs, assistindo-as enquanto sentadas e servindo-lhes a comida.

⁷Custava-lhe dar uma ordem, mas estava pronta a fazer por si. Preferia fazer ela mesma a mandar as Irmãs. ⁸Lavava pessoalmente as cadeiras das doentes e as enxugava com seu espírito nobre, sem fugir à sujeira nem ter medo do mau cheiro.

⁹Com frequência lavava e beijava os pés das serviçais, quando voltavam de fora. ¹⁰Uma vez, estava lavando os pés de uma delas e, quando foi beijá-los, a Irmã não suportou tanta humildade, puxou o pé de repente e bateu com ele no rosto de sua senhora. ¹¹Esta voltou a tomar o pé da serviçal com ternura e lhe deu um beijo apertado sob a planta.

A santa e verdadeira pobreza

13 ¹Com a pobreza de espírito, que é a verdadeira humildade, harmonizava a pobreza de todas as coisas. ²Logo no começo de sua conversão desfez-se da herança paterna que recebera e, sem guardar nada para si, deu tudo aos pobres. ³Depois, deixando o mundo lá fora, com a alma enriquecida interiormente, correu livre, sem bolsa, atrás de Cristo.

⁴Fez um pacto tão forte com a santa pobreza, tanto amor lhe consagrou, que nada queria possuir nem permitiu que suas filhas possuíssem, senão o Cristo Senhor. ⁵Achava que a *preciosíssima pérola* do desejo do céu, *que comprara depois de vender tudo* (cf. Mt 13,46), não podia ser partilhada com o cuidado devorador dos bens temporais.

⁶Em alocuções frequentes, inculcava nas Irmãs que a comunidade seria agradável a Deus na medida em que fosse opulenta de pobreza e que, munida com a torre da *mais alta pobreza* (cf. 2Cor 8,2), seria estável para sempre. ⁷No pequeno ninho da pobreza, animava-as a conformar-se com o Cristo pobre, deitado pela mãe pobrezinha *em mísero presépio* (cf. Lc 2,7). ⁸Pois afivelava o peito

com essa singular lembrança, joia de ouro, para que o pó terreno não passasse para o interior.

14 [1]Querendo destacar sua Ordem com o título da pobreza, solicitou de Inocêncio III, de feliz memória, o privilégio da pobreza. [2]Esse varão magnífico, congratulando-se por tão grande fervor da virgem, disse que o pedido era raro, pois jamais tal privilégio tinha sido pedido à Sé Apostólica. [3]E para corresponder ao insólito pedido com insólito favor, o pontífice redigiu de próprio punho, com muito gosto, o primeiro rascunho do pretendido privilégio.

[4]O senhor Papa Gregório, de feliz memória, digno de veneração pelos méritos pessoais e mais ainda pelo cargo, amava com especial afeto paterno a nossa santa. [5]Quando tentou convencê-la a aceitar algumas propriedades que oferecia com liberalidade pelas circunstâncias e perigos dos tempos, ela resistiu com ânimo fortíssimo e não concordou, absolutamente. [6]Respondeu o papa: "Se temes pelo voto, nós te desligamos do voto", mas ela disse: [7]"Pai santo, por preço algum quero ser dispensada de seguir Cristo para sempre".

[8]Recebia muito alegremente as esmolas em fragmentos e os pedacinhos de pão levados pelos esmoleres. Parecia ficar triste ao ver pães inteiros e pulava de alegria diante dos restos.

[9]Para que falar tanto? Ela se esforçava por conformar-se na mais perfeita pobreza com o pobre Crucificado, para que nada de perecível afastasse a amante do amado ou a impedisse de correr com o Senhor. [10]Conto dois casos admiráveis que a namorada da pobreza mereceu realizar.

Milagre da multiplicação do pão

15 [1]Havia no mosteiro um só pão e já apertavam a fome e a hora de comer. [2]A santa chamou a despenseira e mandou cortar o pão, enviando uma parte para os frades e deixando a outra em casa para as Irmãs. [3]Dessa metade, mandou tirar cinquenta fatias**[6]**, de acordo com o número das senhoras, para servi-las na mesa da pobreza.

---

6 Um documento de 1238 confirma que havia 50 Irmãs em São Damião, pois todas assinam.

⁴A devota filha respondeu que iam ser necessários os antigos milagres de Cristo para que tão pouco pão desse cinquenta fatias, mas a mãe a contestou dizendo: "Filha, faça com confiança o que falei". ⁵Apressou-se a filha a cumprir o mandato da mãe, ⁶que foi dirigir a seu Cristo piedosos suspiros em favor das filhas. ⁷O pedaço pequeno cresceu por graça de Deus nas mãos de quem o cortava, e cada uma da comunidade pôde receber uma bela porção.

Outro milagre: azeite dado por Deus

16 ¹Certo dia, acabou tão completamente o azeite das servas de Cristo que não havia nem para o tempero para as doentes. ²Dona Clara pegou uma vasilha e, mestra de humildade, lavou-a com as próprias mãos. Colocou-a lá fora, vazia, para que o irmão esmoler a recolhesse, e chamou o frade para ir conseguir o azeite.

³O devoto irmão quis socorrer depressa tanta indigência e correu a buscar a vasilha. ⁴Mas essas coisas *não dependem de querer e correr, e sim da piedade de Deus* (Rm 9,16). ⁵De fato, só por Deus, a vasilha ficou cheia de óleo, pois a oração de Santa Clara foi à frente da ajuda do frade, para alívio das pobres filhas. ⁶O frade, crendo que o haviam chamado à toa, comentou num murmúrio: "Essas mulheres me chamaram por brincadeira, pois, olhe, a vasilha está cheia!"

A mortificação da carne

17 ¹Da admirável mortificação da carne, talvez seja melhor calar que falar, já que fez tais coisas que o estupor dos ouvintes porá em dúvida a veracidade dos fatos. ²Não era o mais notável que, com uma simples túnica e um rude manto de pano áspero, mais cobria que abrigava seu corpo delicado. ³Nem era o mais admirável que desconhecesse por completo o uso de calçado. ⁴Não era grande coisa que jejuasse todo o tempo e não usasse colchão de penas. ⁵Nisso tinha outras semelhantes no mosteiro e talvez não mereça louvor singular.

⁶Mas, como combinam uma carne virginal e uma roupa de porco? ⁷Pois tão santa virgem tinha arranjado uma peça de pele de porco e a usava secretamente debaixo da túnica, com o áspero corte

das cerdas aplicado à carne. [8]Usava, algumas vezes, um duro cilício, trançado em nós com crina de cavalo, que com ásperas cordinhas apertava fortemente ao corpo de lado a lado. [9]A pedido, emprestou-o a uma de suas filhas, mas, quando ela o vestiu, não aguentou tanta aspereza e o devolveu depressa, depois de três dias, não tão alegre como quando o pediu.

[10]Sua cama era a terra nua; às vezes, uns sarmentos. Como travesseiro, usava um toco duro embaixo da cabeça. [11]Com o tempo, de corpo já enfraquecido, estendeu uma esteira no chão e teve a clemência de dar à cabeça um pouco de palha. [12]Depois que a doença começou a tomar conta do corpo tão severamente maltratado, usou um saco cheio de palha por ordem do bem-aventurado Francisco.

18 [1]Pois tamanho era o rigor de sua abstinência nos jejuns que mal teria podido sobreviver corporalmente com o leve sustento que tomava, se outra força não a sustentasse. [2]Enquanto teve saúde, jejuando a pão e água na Quaresma maior e na do bispo São Martinho, só provava vinho aos domingos, quando tinha.

[3]E para que admires, leitor, o que não podes imitar, não tomava nada de alimento durante essas quaresmas em três dias por semana, nas segundas, quartas e sextas-feiras. [4]Sucediam-se assim os dias de acerba mortificação, de modo que uma véspera de privação total precedia um festim de pão e água.

[5]Não é de admirar que tamanho rigor, mantido durante muito tempo, tivesse predisposto Clara à doença, consumindo as forças e enfraquecendo o corpo. [6]Por isso, as filhas muito devotas tinham compaixão da santa madre e lamentavam com lágrimas aquelas mortes que suportava voluntariamente, todos os dias. [7]Por fim, São Francisco e o bispo de Assis proibiram-lhe o esgotador jejum dos 3 dias, ordenando que não deixasse passar um só dia sem tomar para sustento pelo menos uma onça e meia de pão[7].

[8]Mas, embora em geral uma grave aflição do corpo afete o espírito, o que brilhava em Clara era muito diferente: [9]ficava sempre de cara festiva e alegre em suas mortificações, parecendo que não

---

[7] Equivalia a 42g, uma fatia bem pequena.

sentia ou que se ria dos apertos corporais. [10]Por isso, podemos ver claramente que a santa alegria que lhe sobrava dentro extravasava fora, porque o amor do coração tornava leves os castigos corporais.

A prática da santa oração

19 [1]Já morta na carne, estava tão alheia ao mundo que ocupava sua alma continuamente em santas orações e divinos louvores. [2]Tinha cravado na Luz o dardo ardentíssimo do desejo interior e, transcendendo a esfera das realidades terrestres, abria mais amplamente o seio de sua alma para as chuvas da graça.

[3]Depois de Completas, rezava muito tempo com as Irmãs, e os rios de lágrimas que dela brotavam excitavam também as outras. [4]Mas, depois que elas iam repousar os membros cansados nas camas duras, ela ficava rezando, vigilante e incansável, para recolher então o *veio do sussurro furtivo* (cf. Jó 4,12) de Deus, quando o sono se apoderara das outras. [5]Muitas vezes, prostrada em oração com o rosto em terra, regava o chão com lágrimas e o acariciava com beijos: parecia ter sempre o seu Jesus entre as mãos, derramando aquelas lágrimas em seus pés, que ela beijava.

[6]Chorava, uma vez, na noite profunda, quando apareceu o anjo das trevas na figura de um menino negro, dizendo-lhe: "Não chore tanto, que vai ficar cega". [7]Respondeu na hora: "Quem vai ver Deus não será cego". Confuso, ele foi embora.

[8]Na mesma noite, depois das Matinas, Clara rezava banhada em pranto como de costume, e chegou o conselheiro enganoso: [9]"Não chore tanto. O cérebro vai acabar derretendo e saindo pelo nariz, deixando-o torto". [10]Ela respondeu rápido: "Quem serve ao Senhor não sofre nenhum entortamento". Ele escapou na hora e desapareceu.

20 [1]Os indícios costumeiros comprovam toda a força que tirava da fornalha da oração fervorosa e como nela gozava com doçura a bondade divina. [2]Pois, quando voltava toda alegre da santa oração, trazia do fogo do altar do Senhor palavras ardentes que acendiam também os corações das Irmãs. [3]Admiravam a doçura que vinha de sua boca e o rosto parecendo mais claro do que de costume. [4]Certamente, *Deus tinha banqueteado a pobre em sua doçura* (cf. Sl 67,11), e a alma cumulada de luz verdadeira na oração estava transparecendo no corpo.

⁵Assim, unida imutavelmente a seu nobre Esposo no mundo mutável, deliciava-se continuamente nas coisas do alto. ⁶Firme em virtude estável no rodar versátil, guardando o tesouro da glória em vaso de barro, tinha o corpo na terra e a alma nas alturas. ⁷Costumava ir antes do que as jovens para as Matinas, acordando--as com sinais silenciosos e incitando-as ao louvor.

⁸Em geral, acendia as luzes quando as outras dormiam. Muitas vezes, era ela que tocava o sino. ⁹Em seu convento, não havia lugar para tibieza, nem desídia, pois a preguiça era atacada por forte estímulo para orar e servir ao Senhor.

Maravilhas de sua oração: antes de tudo, os sarracenos milagrosamente postos em fuga

21 ¹Quero contar aqui, com toda a fidelidade à verdade, os prodígios de sua oração, mais do que dignos de veneração.

²Durante a tormenta que a Igreja sofreu em diversas partes do mundo sob o Imperador Frederico, o Vale de Espoleto teve que beber muitas vezes o cálice da ira. ³Por ordem do imperador, aí se estabeleceram, como enxames de abelhas, esquadrões de cavalaria e arqueiros sarracenos, despovoando castelos e aniquilando cidades. ⁴Quando o furor inimigo se dirigiu uma vez contra Assis, cidade predileta do Senhor, o exército já estava chegando perto das portas, e os sarracenos, gente péssima, sedenta de sangue cristão e desavergonhadamente capaz de qualquer crime, entraram no terreno de São Damião e chegaram até dentro do próprio claustro das Irmãs.

⁵O coração das senhoras derretia-se de terror. Tremendo para falar, levaram seus prantos à madre. ⁶Corajosa, ela mandou que a levassem, doente, para a porta, diante dos inimigos, colocando à sua frente uma caixinha de prata revestida de marfim**⁸**, onde guardavam com suma devoção o Corpo do Santo dos Santos.

---

⁸ Santa Clara é tradicionalmente representada com uma custódia nas mãos, mas tanto a Legenda quanto o Processo falam de uma caixinha de prata e marfim em que ela pode nem ter tocado.

22 [1]Toda prostrada em oração ao Senhor, disse a Cristo entre lágrimas: [2]"Meu Senhor, será que quereis entregar inermes nas mãos dos pagãos as vossas servas, que criei no vosso amor? [3]Guardai Senhor, vos rogo, estas vossas servas a quem não posso defender neste transe".

[4]Logo soou em seus ouvidos, do propiciatório da nova graça, uma voz de menininho: "Eu sempre vos defenderei". [5]Ela disse: "Meu Senhor, protegei também, se vos apraz, a cidade que nos sustenta por vosso amor". [6]E Cristo: "Suportará padecimentos, mas será defendida por minha força".

[7]Então a virgem ergueu o rosto em lágrimas, confortando as que choravam: [8]"Garanto, filhinhas, que não vão sofrer mal nenhum. É só confiar em Cristo". [9]Não demorou. De repente, a audácia daqueles cães se retraiu e assustou. Saíram rápidos pelos muros que tinham pulado, derrotados pela força da sua oração.

[10]Logo em seguida, Clara determinou com seriedade às que tinham ouvido a voz: [11]"Tenham todo o cuidado, filhas queridas, de não revelar essa voz a quem quer que seja, enquanto eu viver".

Outro milagre: a libertação da cidade

23 [1]Em outra ocasião, Vital de Aversa, homem cobiçoso de glória e intrépido nas batalhas, moveu contra Assis o exército imperial, que comandava. [2]Despiu a terra de suas árvores, assolou todos os arredores e acabou pondo cerco à cidade. [3]Declarou ameaçadoramente que de nenhum modo se retiraria, enquanto não a tivesse tomado. [4]De fato, já havia chegado o ponto em que se temia a queda iminente da cidade.

[5]Quando Clara, a serva de Cristo, soube disso, suspirou veementemente, chamou as Irmãs e disse: [6]"Filhas queridas, recebemos todos os dias muitos bens desta cidade. Seria muita ingratidão se, na hora em que precisa, não a socorrêssemos como podemos".

[7]Mandou trazer cinza, disse às Irmãs que descobrissem a cabeça. [8]E, primeiro, espalhou muita cinza sobre a cabeça nua. Colocou-a depois também sobre as cabeças delas. [9]Então disse: "Vão suplicar a nosso Senhor com todo o coração a libertação da cidade".

[10]Para que contar detalhes? Que direi das lágrimas das virgens, de suas preces "violentas"? [11]Na manhã seguinte, Deus misericordioso deu a saída para o perigo: o exército debandou, e o soberbo, contra os planos, foi embora e nunca mais oprimiu aquelas terras. [12]Pouco depois o comandante guerreiro foi morto a espada.

A força da sua oração na conversão de sua irmã

24 [1]De fato, não devemos sepultar no silêncio a eficácia admirável de sua oração que, ainda no começo de sua consagração, converteu uma alma para Deus, e a protegeu. [2]Tinha uma irmã jovem[9], irmã na carne e na pureza. [3]Desejando sua conversão, nas primeiras preces que oferecia a Deus com todo afeto, insistia nisso: que, assim como no mundo tinha tido com a irmã conformidade de sentimentos, [4]assim agora se unissem, ambas, para o serviço de Deus em uma só vontade.

[5]Pedia insistentemente ao Pai da misericórdia que o mundo perdesse o gosto e que Deus fosse doce para Inês, a irmã deixada em casa, [6]mudando-a da perspectiva de um casamento humano para a união de seu amor, [7]desposando com ela, em virgindade perpétua, o Esposo da glória. [8]Um afeto admirável tomara conta das duas e, embora por diferentes razões, tinha tornado dolorosa para ambas a recente separação.

[9]A divina Majestade atendeu depressa a excepcional orante e concedeu-lhe imediatamente aquele primeiro dom, pedido mais que tudo e que mais agradava a Deus regalar.

[10]Assim, 16 dias depois da conversão de Clara, Inês, levada pelo Espírito divino, correu para a irmã e, contando seu segredo, disse que queria servir só ao Senhor. [11]Ela a abraçou toda feliz e exclamou: "Dou graças a Deus, dulcíssima irmã, porque abriu os ouvidos à minha solicitude por você".

25 [1]À conversão maravilhosa seguiu-se não menos maravilhosa defesa. [2]Quando as felizes irmãs estavam na Igreja de Santo Ângelo

---

[9] Trata-se de Catarina, a quem, depois, São Francisco deu o nome de Inês. Além de Inês, Clara só teve mais uma irmã, Beatriz, que foi testemunha no Processo.

de Panzo, aplicadas em seguir as pegadas de Cristo, e a que mais sabia do Senhor instruía sua irmã e noviça, de repente levantaram-se contra as jovens novos ataques dos familiares. [3]Sabendo que Inês tinha ido para junto de Clara, correram no dia seguinte ao lugar doze homens acesos de fúria e, dissimulando a malvadeza por fora, apresentaram-se para uma visita de paz.

[4]Logo, voltando-se para Inês, pois de Clara já antes tinham perdido a esperança, disseram: "Por que veio a este lugar? [5]Volte quanto antes para casa conosco". [6]Quando ela respondeu que não queria separar-se de sua irmã Clara, lançou-se sobre ela um cavaleiro enfurecido e, [7]a socos e pontapés, queria arrastá-la pelos cabelos, enquanto os outros a empurravam e levantavam nos braços. [8]Diante disso, a jovem, vendo-se arrancada das mãos do Senhor, como presa de leões, gritou: [9]"Ajude-me, irmã querida, não deixe que me separem de Cristo Senhor".

[10]Os violentos atacantes arrastaram a jovem renitente pela ladeira, rasgando a roupa e enchendo o caminho de cabelos arrancados. [11]Clara prostrou-se numa oração em lágrimas, pedindo que a irmã mantivesse a constância e suplicando que a força daqueles homens fosse superada pelo poder de Deus.

26 [1]De repente, o corpo dela, caído por terra, pareceu fincar-se com tanto peso que, mesmo diversos homens, juntando as forças, não conseguiram de modo algum levá-lo para além de um riacho. [2]Acorreram também alguns dos campos e vinhas para ajudá-los, mas não puderam levantar do chão aquele corpo. [3]Tiveram que desistir do esforço e exaltaram o milagre, comentando em brincadeira: [4]"Passou a noite comendo chumbo, não é de admirar que esteja pesada".

[5]O próprio Senhor Monaldo, seu tio paterno, que, tomado por tanta raiva, tentou dar-lhe um soco mortal, sentiu de repente que uma dor atroz invadia a mão levantada e o atormentou angustiosamente por muito tempo.

[6]Então, depois da longa batalha, Clara foi até lá, pediu aos parentes que desistissem da luta e deixassem a seus cuidados Inês, que jazia meio-morta. [7]Quando eles se retiraram, amargados pelo

fracasso da empresa, Inês levantou-se jubilosa e, já gozando da cruz de Cristo, por quem travara essa primeira batalha, consagrou-se para sempre ao serviço divino. [8]Então o bem-aventurado Francisco a tonsurou com suas próprias mãos e, junto com sua irmã, instruiu-a nos caminhos do Senhor.

[9]Mas como não dá para explicar em poucas palavras a magnífica perfeição de sua vida, voltamos a falar de Clara.

Outro milagre: expulsão de demônios

27 [1]Não é de admirar que a oração de Clara tivesse poder contra a maldade dos homens, fazia-se arder até os demônios. [2]Aconteceu que uma devota, da diocese de Pisa, veio uma vez ao lugar para agradecer a Deus e a Santa Clara, porque, por seus méritos, fora libertada de cinco demônios. [3]Na hora da expulsão, os demônios confessaram que a oração de Santa Clara os queimava e os desalojava daquele vaso de sua posse.

[4]Não foi à toa que o senhor Papa Gregório teve admirável fé nas orações desta santa, cuja virtude provara ser eficaz. [5]Muitas vezes, como bispo de Óstia ou já elevado ao trono apostólico, ao surgir alguma dificuldade, como acontece, dirigia-se por carta à mencionada virgem: pedia orações e já sentia a ajuda. [6]É algo certamente notável pela humildade e que deve ser fervorosamente imitado: o Vigário de Cristo, reclamando a ajuda da serva de Cristo e recomendando-se a suas virtudes.

[7]Certamente sabia de que é capaz o amor e como é livre o acesso das virgens puras ao consistório da Divina Majestade. [8]Se o Rei dos céus se entrega Ele mesmo aos que o amam com fervor, o que não há de conceder, se convém, aos que o rogam com devoção?

Sua admirável devoção ao sacramento do altar

28 [1]Quão grande foi o devoto amor de Clara pelo sacramento do altar demonstram-no os fatos. [2]Durante a grave doença que a prendeu à cama, fazia-se erguer e sustentar colocando apoios. Assim, sentada, fiava panos finíssimos, [3]com os quais fez mais de cinquenta jogos de corporais que, colocados dentro de bolsas de seda ou de púrpura, destinava a diversas igrejas do vale e das montanhas de Assis.

[4]Ao receber o Corpo do Senhor, lavava-se antes em lágrimas ardentes e, acercando-se a tremer, não o temia menos escondido no sacramento que regendo céu e terra.

Admirável consolação que o Senhor lhe concedeu na doença

29 [1]Como ela se lembrava de seu Cristo na doença, Cristo também a visitou em seus sofrimentos. [2]Na hora do Natal, em que o mundo se alegra com os anjos diante do Menino recém-nascido, todas as senhoras foram à capela para as Matinas, deixando a madre sozinha, oprimida pela doença. [3]Ela começou a meditar sobre o pequenino Jesus e, sofrendo muito por não poder assistir a seus louvores, suspirou: "Senhor Deus, deixaram-me aqui sozinha para Vós". [4]E eis que de repente começou a ressoar em seus ouvidos o maravilhoso concerto que se desenrolava na Igreja de São Francisco. [5]Escutava o júbilo dos irmãos salmodiando, ouvia a harmonia dos cantores, percebia até o som dos instrumentos.

[6]O lugar não era tão próximo que pudesse chegar a isso humanamente: ou a solenidade tinha sido amplificada até ela pelo poder divino, ou seu ouvido tinha sido reforçado de modo sobre-humano. [7]Mas o que superou todo esse prodígio foi que mereceu ver o próprio presépio do Senhor[10].

[8]Quando as filhas vieram, de manhã, disse a bem-aventurada Clara: [9]"Bendito seja o Senhor Jesus Cristo, que não me deixou, quando vocês me abandonaram. [10]Escutei, por graça de Cristo, toda a solenidade celebrada esta noite na Igreja de São Francisco".

Ardente amor ao crucificado

30 [1]Era-lhe familiar o pranto pela paixão do Senhor: ou hauria das sagradas chagas a amargura da mirra, ou sorvia os mais doces

---

[10] Devido a esse fato, o Papa Pio XII declarou Santa Clara padroeira da televisão por decreto de 14 de fevereiro de 1958 (AAS 50 (1958) 512-513).

gozos. [2]Embriagavam-na veementemente as lágrimas de Cristo sofredor, e a memória reproduzia frequentemente aquele que o amor lhe gravara fundo no coração.

[3]Ensinava as noviças a chorar o Crucificado dando junto o exemplo do que dizia. [4]Muitas vezes, ao exortá-las a isso em particular, vinham-lhe as lágrimas antes de acabarem as palavras.

[5]Entre as horas do dia, em geral era mais tocada de compunção em Sexta e Noa, para imolar-se com o Senhor imolado. [6]Uma vez, rezava na cela na hora Nona, e o diabo lhe bateu no rosto, enchendo um olho de sangue e a face de marcas.

[7]Para nutrir a alma sem cessar nas delícias do Crucificado, ruminava frequentemente a oração das cinco chagas do Senhor. [8]Aprendeu o Ofício da Cruz composto por Francisco, o amante da cruz, e o repetia com o mesmo afeto. [9]Cingia embaixo da roupa, sobre a carne, uma cordinha com treze nós, lembrança secreta das feridas do Senhor.

Uma comemoração da Paixão do Senhor

31 [1]Chegou, uma vez, o dia da Sagrada Ceia, em que o Senhor *amou os seus até o fim* (cf. Jo 13,1). [2]Pela tarde, aproximando-se a agonia do Senhor, Clara, entristecida e aflita, fechou-se no segredo de sua cela. [3]Acompanhando em oração o Senhor que rezava, sua *alma triste até a morte* (cf. Mt 26,38) embebeu-se da tristeza dele, a memória foi se compenetrando da captura e de toda a derisão: caiu na cama.

[4]Ficou tão absorta durante toda aquela noite e, no dia seguinte, tão fora de si que, com o olhar ausente, cravada sempre em sua visão única, parecia crucificada com Cristo, totalmente insensível. [5]Uma filha familiar voltou diversas vezes para ver se precisava de alguma coisa e a encontrou sempre do mesmo jeito.

[6]Quando chegou a noite do sábado, a devota filha acendeu uma vela e, sem falar, com um sinal, lembrou sua mãe da ordem que recebera de São Francisco. [7]Pois o santo mandara que não deixasse passar um só dia sem comer. [8]Na sua presença, Clara, como se voltasse de algum outro lugar, disse o seguinte: "Para que a vela?

Não é dia?" [9]"Madre, respondeu a outra, foi-se a noite, já passou um dia, e voltou outra noite".

[10]Clara disse: "Bendito seja este sonho, filha querida, porque ansiei tanto por ele, e me foi concedido. [11]Mas guarde-se de contar este sonho a quem quer que seja, enquanto eu viver na carne".

Diversos milagres que fazia com o sinal e a virtude da santa cruz

32 [1]O Crucifixo amado correspondeu à amante que, acesa em tão grande amor pelo mistério da cruz, foi distinguida com sinais e milagres pelo seu poder. [2]Quando fazia o sinal da cruz vivificante sobre os enfermos, afastava milagrosamente as doenças. [3]Vou contar alguns casos, entre tantos.

[4]São Francisco mandou a Dona Clara um frade enlouquecido, chamado Estêvão, para que traçasse sobre ele o sinal da cruz santíssima, [5]pois conhecia sua grande perfeição e venerava sua grande virtude. [6]A filha da obediência fez sobre ele o sinal, por ordem do pai, e deixou-o dormir um pouquinho, no lugar onde ela mesma costumava rezar. [7]E ele, livre do sono daí a pouco, levantou-se curado e voltou ao pai, liberto da loucura.

33 [1]Mateusinho, um menino de 3 anos da cidade de Espoleto, tinha enfiado uma pedrinha na narina. [2]Ninguém conseguia tirá-la do nariz do menino, nem ele podia expeli-la. [3]Em perigo e com enorme angústia, foi levado a Dona Clara e, quando foi marcado por ela com o sinal da cruz, soltou de repente a pedra e ficou livre.

[4]Outro menino, de Perúgia, tinha o olho velado por uma mancha e foi levado à santa serva de Deus. [5]Ela tocou o olho da criança, marcou-a com o sinal da cruz e disse: "Levem-no à minha mãe, para fazer nele outro sinal da cruz". [6]Sua mãe, Dona Hortolana, seguira a plantinha, entrara na Ordem depois da filha e, viúva, servia ao Senhor no jardim fechado com as virgens. [7]Ao receber dela o sinal da cruz, o olho do menino se livrou da mancha, e ele viu clara e distintamente. [8]Clara disse que o menino tinha sido curado por mérito de sua mãe; a mãe deixou em favor da filha o crédito do louvor, dizendo-se indigna de coisa tão grande.

34 [1]Uma das Irmãs, chamada Benvinda, tinha suportado quase 12 anos embaixo do braço a chaga de uma fístula que soltava pus por cinco orifícios. [2]Compadecida, a virgem de Deus Clara aplicou seu emplastro especial do sinal de salvação. [3]Foi só fazer a cruz e, de repente, ela ficou perfeitamente curada da velha úlcera.

[4]Outra Irmã, chamada Amata, jazia doente de hidropisia havia 13 meses, consumida também pela febre, a tosse e uma dor de lado. [5]Compadecida dela, Dona Clara recorreu àquele nobre sistema de sua arte medicinal: [6]marcou-a com a cruz no nome de Cristo e no mesmo instante devolveu-lhe a saúde completa.

35 [1]Outra serva de Cristo, oriunda de Perúgia, de tal modo perdera a voz ao longo de 2 anos que mal podia articular palavra audível. [2]Na noite da Assunção de Nossa Senhora, teve uma visão de que Dona Clara a curaria e esperou ansiosa pelo dia. [3]Quando amanheceu, correu à madre, pediu-lhe que a marcasse com a cruz e recuperou a voz logo que foi assinalada.

[4]Uma Irmã chamada Cristiana tinha sofrido por muito tempo de surdez em um ouvido e experimentara em vão muitos remédios para o mal. [5]Dona Clara fez-lhe o sinal na cabeça com clemência, tocou-lhe a orelha e na mesma hora ela recuperou a faculdade de ouvir.

[6]Era grande o número de Irmãs doentes no mosteiro, aflitas por vários achaques. [7]Clara foi vê-las como de costume, com seu remédio habitual, e, em cinco vezes que fez o sinal da cruz, curou cinco na hora. [8]Por esses fatos, fica patente que no coração da virgem estava plantada a árvore da cruz, cujo fruto restaura a alma, cujas folhas oferecem remédio para o corpo.

A formação diária das Irmãs

36 [1]Verdadeira mestra dos rudes e formadora de jovens no palácio do grande Rei, ensinava-as com tal pedagogia e as formava com tão dedicado amor que não há palavras para dizê-lo. [2]Primeiro, ensinava-as a afastar de dentro da alma toda convulsão, para poderem firmar-se só na intimidade de Deus. [3]Depois, ensinava-as a não se deixar levar pelo amor dos parentes segundo a carne e a esquecer a casa paterna para agradar a Cristo.

[4]Exortava a não ligar para as exigências do corpo frágil, dominando com a razão os impulsos da carne. [5]Mostrava que o inimigo insidioso arma laços ocultos para as almas puras e não tenta os santos como tenta os mundanos. [6]Queria que tivessem tempos certos de trabalhos manuais para que, como queria o fundador, se afervorassem depois pelo exercício da oração, fugindo ao torpor da negligência e expulsando o frio da falta de devoção pelo fogo do santo amor.

[7]Nunca houve maior observância do silêncio nem maior demonstração e prática de toda honestidade. [8]Lá, não havia o espírito de conversas à toa nem palavras levianas mostrando afetos frívolos. [9]A própria mestra, de poucas palavras, resumia em alocuções breves a abundância de sua mente.

Esforço para acolher bem a palavra da santa pregação

37 [1]Por meio de devotos pregadores, cuidava de alimentar as filhas com a Palavra de Deus e não ficava com a parte pior. [2]Quando ouvia a santa pregação, ficava tão inundada de gozo e gostava tanto de recordar o seu Jesus que, [3]uma vez, durante a pregação de Frei Filipe de Atri, apareceu um menino muito bonito para a virgem Clara e a consolou durante grande parte do sermão com as suas graças. [4]Diante dessa aparição, a Irmã que mereceu ser testemunha do que a madre viu sentiu-se inundada por uma suavidade inefável.

[5]Não tinha formação literária, mas gostava de ouvir os sermões dos letrados, sabendo que na casca das palavras se ocultava o miolo que tinha a sutileza de alcançar e o gosto de saborear. [6]De qualquer sermão conseguia tirar proveito para a alma, pois sabia que não vale menos poder recolher de vez em quando uma flor de um áspero espinheiro que comer o fruto de uma árvore de qualidade.

[7]Uma vez, o Papa Gregório proibiu qualquer frade de ir sem sua licença aos mosteiros das senhoras. A piedosa madre, doendo-se porque ia ser mais raro para as Irmãs o manjar da doutrina sagrada, gemeu: [8]"Tire-nos também os outros frades, já que nos privou dos que davam o alimento de vida". [9]E devolveu ao ministro na mesma hora todos os irmãos, pois não queria esmoleres para buscar

o pão do corpo, se já não tinha esmoleres para o pão do espírito. [10]Quando soube disso, o Papa Gregório deixou imediatamente a proibição nas mãos do ministro-geral.

Sua grande caridade para com as Irmãs

38 [1]A venerável abadessa não amava só as almas das filhas: servia também seus corpos com o zelo de uma caridade admirável. [2]Muitas vezes, no frio da noite, cobria-as com as próprias mãos, enquanto dormiam, e queria que se contentassem com um regime mais benigno as que via incapacitadas para a observância do rigor comum.

[3]Se alguma, como acontece, estivesse perturbada por uma tentação ou tomada de tristeza, chamava-a à parte e a consolava entre lágrimas. [4]Às vezes, ajoelhava-se aos pés das que sofriam para aliviá-las com carinho materno.

[5]As filhas, gratas por sua bondade, correspondiam com toda dedicação. [6]Acolhiam o carinho afetuoso da mãe, [7]respeitavam na mestra o cargo de governo, acompanhavam o procedimento correto da formadora e admiravam na esposa de Deus a prerrogativa de uma santidade tão completa.

Suas doenças e o sofrimento contínuo

39 [1]*Tinha corrido* 40 anos *no estádio* (cf. 1Cor 9,24) da *altíssima pobreza* (cf. 2Cor 8,2), e já chegavam muitas dores, precedendo o prêmio do chamado eterno. [2]O vigor de corpo, castigado nos primeiros anos pela austeridade da penitência, foi vencido no final por dura enfermidade, para enriquecê-la, doente, com o mérito das obras. [3]Pois *a virtude aperfeiçoa-se na enfermidade* (cf. 2Cor 12,9).

[4]Vemos a que ponto se acrisolou na doença sua virtude maravilhosa, principalmente porque, em 28 anos de contínua dor, não se ouviu murmuração nem queixa. De seus lábios brotavam sempre santas palavras, uma ação de graças contínua.

[5]Embora parecesse correr para o fim, oprimida pelo peso das doenças, [6]aprouve ao Senhor adiar sua morte até o momento em que pudesse ser exaltada com dignas honras pela Igreja romana, de

que era obra e filha singular. [7]Pois, demorando-se o sumo pontífice com os cardeais em Lião, Clara começou a sentir-se mais oprimida do que de costume pela doença, e uma espada de dor enorme atormentava as almas de suas filhas.

40 [1]Nessa ocasião, uma serva de Cristo, virgem consagrada a Deus no Mosteiro de São Paulo da Ordem de São Bento, teve uma visão: [2]estava em São Damião, com suas Irmãs, assistindo a doença de Dona Clara, e a via deitada numa cama preciosa. [3]Elas choravam, esperando em lágrimas a partida da bem-aventurada Clara, quando apareceu uma formosa mulher à cabeceira da cama e lhes disse: [4]"Não chorem, ó filhas, essa mulher que vai vencer; porque não poderá morrer, enquanto não vier o senhor com seus discípulos".

[5]De fato, a corte romana chegou a Perúgia logo depois. [6]Sabendo que ela tivera uma piora na doença, o senhor ostiense correu de Perúgia para visitar a esposa de Cristo, de quem fora pai por ofício, sustentáculo pela atenção, amigo sempre devoto por puríssimo afeto. [7]Alimentou a enferma com o sacramento do Corpo do Senhor e também as outras com um salutar sermão.

[8]Ela só suplicava o Pai em lágrimas, recomendando-lhe sua alma e as das outras senhoras, pelo nome de Cristo. [9]Mas pedia acima de tudo que obtivesse do senhor papa e dos cardeais a confirmação do Privilégio da Pobreza. [10]E foi isso que aquele fidelíssimo amigo da Ordem realizou de fato como prometeu de palavra.

[11]Um ano depois, o senhor papa passou de Perúgia para Assis com os cardeais, cumprindo-se assim a referida visão sobre o trânsito da santa. [12]Porque o sumo pontífice, colocado além dos homens e aquém de Deus, representa a pessoa do Senhor; [13]e os senhores cardeais a ele se unem, como os discípulos, no templo da Igreja militante.

Como, estando ela doente, o Senhor Inocêncio a visitou, absolveu e abençoou

41 [1]A divina Providência já acelerava o cumprimento de seu plano para Clara: Cristo tinha pressa de sublimar no palácio do reino superno a pobre peregrina. [2]Ela já desejava e suspirava de todo o coração por *livrar-se do corpo mortal* (cf. Rm 7,24) para ver reinando nas etéreas mansões o Cristo pobre que ela, pobrezinha, seguira na terra de todo o coração. [3]Juntou-se nova fraqueza a seus membros sagrados, gastos pela velha doença, indicando sua próxima chamada para o Senhor e preparando-lhe o caminho da salvação eterna.

[4]O Senhor Inocêncio IV, de santa memória, foi logo visitar a serva de Cristo com os cardeais e não teve dúvida de honrar com a presença papal a morte daquela, cuja vida provara estar acima das mulheres de nosso tempo. [5]Entrou no mosteiro, foi ao leito, chegou a mão à boca da doente para que a beijasse. [6]Ela a tomou agradecida e pediu com maior reverência para beijar o pé do apostólico. [7]Cortês, o senhor subiu reverentemente a um banquinho de madeira para ajeitar o pé que ela, reverentemente inclinada, cobriu de beijos por cima e por baixo.

42 [1]Depois, pediu com rosto angelical ao sumo pontífice a remissão de todos os pecados. [2]Ele exclamou: "Oxalá precisasse eu de tão pouco perdão!" E deu-lhe plena absolvição e a graça de uma ampla bênção.

[3]Quando todos saíram, como tinha recebido nesse dia a hóstia sagrada das mãos do ministro provincial, de olhos levantados para o céu e de mãos juntas para o Senhor, disse às Irmãs, entre lágrimas: [4]"Filhinhas minhas, louvem o Senhor, porque hoje Cristo se dignou fazer-me tão grande benefício que céu e terra não bastariam para pagar. [5]Hoje, prossegui, recebi o Altíssimo e mereci ver o seu vigário".

Como respondeu a sua irmã que chorava

43 [1]Rodeavam a cama da mãe aquelas filhas que bem depressa ficariam órfãs, com a alma *atravessada por uma espada de dor* (cf. Lc 2,35). [2]Não se deixavam levar pelo sono nem afastar pela fome: esquecidas da cama e da mesa, dia e noite só queriam chorar.

[3]Entre elas, a devota virgem Inês, saturada de lágrimas amargas, pedia sem parar à irmã que não se fosse, deixando-a sozinha. [4]Clara disse: "Irmã querida, apraz a Deus que eu me vá. [5]Mas pare de chorar, porque você vai chegar diante do Senhor logo depois de mim, [6]e Ele lhe dará uma grande consolação antes de eu me separar de você".

O trânsito final e tudo que aconteceu e se viu

44 [1]No fim, pareceu debater-se em agonia durante muitos dias, nos quais foi crescendo a fé das pessoas e a devoção do povo. [2]Também foi honrada diariamente como verdadeira santa por visitas frequentes de cardeais e prelados. [3]O admirável é que, não podendo tomar alimento algum durante 17 dias, revigorava-a o Senhor com tanta fortaleza que ela confortava no serviço de Cristo todos que a visitavam.

[4]Exortada pelo bondoso Frei Reinaldo a ser paciente no longo martírio de todas essas doenças, respondeu com voz mais solta: [5]"Irmão querido, desde que conheci a graça de meu Senhor Jesus Cristo por meio do seu servo Francisco, nunca mais pena alguma me foi molesta, nenhuma penitência foi pesada, doença alguma foi dura".

45 [1]Mas quando o Senhor agiu mais de perto e já parecia às portas, quis ser assistida por sacerdotes e frades espirituais, para recitarem a paixão do Senhor e suas santas palavras. [2]Aparecendo com eles Frei Junípero[11], egrégio menestrel do Senhor, que costumava soltar ditos ardentes de Deus, cheia de renovada alegria, ela perguntou se tinha algo novo sobre o Senhor. [3]Ele abriu a boca, deixou sair centelhas ardentes da fornalha do fervoroso coração, e a virgem de Deus ficou muito consolada com suas parábolas.

[4]Voltou-se enfim para as filhas em lágrimas, recomendando a pobreza do Senhor e lembrando em louvores os benefícios divinos. [5]Abençoou seus devotos e devotas e implorou a graça de uma ampla bênção sobre todas as senhoras dos mosteiros de pobres, tanto presentes como futuras.

[6]Quem pode contar o resto sem chorar? [7]Aí estão dois benditos companheiros de São Francisco: um, Ângelo, mesmo triste, consola os tristes; outro, Leão, beija a cama da moribunda. [8]Choram as filhas desamparadas pela partida da piedosa mãe e seguem em lágrimas a que se vai e não verão mais na terra. [9]Doem-se muito

---

[11] A presença de companheiros de Francisco junto ao leito de Clara mostra que nem todos tinham a mesma visão estrita do Cardeal Hugolino sobre a clausura.

amargamente, porque, abandonadas no vale de lágrimas, já não serão mais consoladas por sua mestra.

[10]Só o pudor impede as mãos de dilacerar o corpo, e o fogo da dor torna mais ardente o que não pode evaporar-se com o pranto exterior. [11]A observância claustral impõe silêncio, mas a violência da dor arranca gemidos e soluços. [12]Os rostos estão inchados pelas lágrimas, mas o ímpeto do coração dolorido lhes dá mais água.

46 [1]A virgem muito santa, voltando-se para si mesma, diz baixinho à sua alma: [2]"Vá segura, que você tem uma boa escolta para o caminho. [3]Vá, diz, porque aquele que a criou também a santificou; [4]e, guardando-a sempre como uma mãe guarda o filho, amou-a com terno amor. [5]E bendito sejais Vós, Senhor, que me criastes!"

[6]Uma das Irmãs perguntou com quem estava falando, e ela respondeu: [7]"Falo com a minha alma bendita". [8]Já não estava longe o seu glorioso séquito, pois, virando-se para uma das filhas, disse: [9]"Você está vendo, minha filha, o Rei da glória que eu estou vendo?"

[10]A mão do Senhor pousou também sobre outra que, entre lágrimas, teve esta feliz visão com os olhos do corpo. [11]Transpassada pelo dardo da profunda dor, voltou o olhar para a porta do quarto [12]e viu entrar uma porção de virgens vestidas de branco, todas com grinaldas de ouro na cabeça. [13]Entre elas, caminhava uma mais preclara do que as outras, de cuja coroa, que em seu remate tinha uma espécie de turíbulo com janelinhas, irradiava tanto esplendor que mudava a própria noite em dia luminoso dentro de casa. [14]Ela foi até a cama em que estava a esposa de seu Filho e, inclinando-se com todo o amor sobre ela, deu-lhe um terníssimo abraço. [15]As virgens trouxeram um pálio de maravilhosa beleza e, estendendo-o todas à porfia, deixaram o corpo de Clara coberto e o tálamo adornado.

[16]No dia seguinte a São Lourenço, aquela alma muito santa foi receber o prêmio eterno: [17]dissolveu-se o templo da carne, e o espírito foi feliz para o céu. [18]Bendita saída do vale de miséria, que para ela foi entrada na vida bem-aventurada. [19]Em vez do pouco que comia, já se alegra na mesa dos cidadãos do céu; [20]em vez das pobres cinzas, está feliz no reino celeste, ornada de glória eterna.

Como a Cúria Romana assistiu às exéquias da virgem com grande concorrência de povo

47 [1]A notícia da morte da virgem sacudiu imediatamente todo o povo da cidade com o fato estupendo. [2]Acorrem homens, acorrem mulheres ao lugar. As pessoas afluem em tamanha multidão que a cidade parece deserta. [3]Todos a proclamam santa, todos dizem que é querida, e alguns choram entre frases de louvor. [4]Vem o *podestà* com um cortejo de cavaleiros e uma tropa de homens armados, e montam diligente guarda naquela tarde e toda a noite para não perderem nada do precioso tesouro que tinham entre eles.

[5]No dia seguinte, moveu-se a corte inteira. O Vigário de Cristo foi para lá com os cardeais, e toda a cidade se encaminhou para São Damião. [6]Quando ia começar a celebração e os frades iniciaram o ofício dos mortos, o senhor papa disse, de repente, que se devia rezar o ofício das virgens e não o de defuntos, [7]como se quisesse canonizá-la antes que o corpo fosse entregue à sepultura. [8]O eminentíssimo senhor ostiense observou que era preciso ir mais devagar nisso, e foi celebrada a missa de defuntos.

[9]Sentaram-se depois o sumo pontífice com a comitiva de cardeais e prelados, e o bispo de Óstia, tomando o tema da *vaidade das vaidades* (cf. Ecl 1,2), louvou em notável sermão a gloriosa desprezadora da vaidade.

48 [1]Com devota deferência, cercam então os cardeais presbíteros a santa morta e fazem os ofícios de costume junto ao corpo da virgem. [2]Depois, achando que não era seguro nem digno que tão precioso tesouro ficasse longe dos cidadãos, levaram-no honrosamente para São Jorge[12] com hinos de louvor, ao som de trombetas e com solene júbilo. [3]Era o lugar em que estivera sepultado antes o corpo do pai São Francisco, e assim ele, que, enquanto ela vivia, lhe abriu o caminho da vida, por um presságio, preparou-lhe o lugar quando morta.

---

[12] São Jorge era a igreja que ficava, dentro da cidade, mais perto de São Damião. Nela, São Francisco aprendera a ler e a escrever e fora sepultado logo depois de sua morte. Mais tarde, foi transformada na atual Basílica de Santa Clara.

⁴Começou então a acorrer muita gente ao túmulo da virgem, louvando a Deus e dizendo: ⁵"Santa de verdade, reinas verdadeiramente gloriosa com os anjos, tu que tanta honra recebes dos homens na terra. ⁶Intercede por nós diante de Cristo, ó primícia das senhoras pobres, que guiaste tanta gente para a penitência e levaste tantos para a vida".

⁷Poucos dias depois, Inês, chamada às bodas do Cordeiro, seguiu a irmã Clara nas eternas delícias. ⁸Lá, as duas filhas de Sião, irmãs na natureza, na graça e no reino, rejubilam-se em Deus sem fim.

⁹E, de fato, Inês teve antes de morrer a consolação que Clara prometera. ¹⁰Como tinha passado do mundo para a cruz precedida pela irmã, quando Clara brilhava com prodígios e milagres, Inês também saiu da luz do mundo e foi depressa atrás dela acordar em Deus¹³.

¹¹Por graça de Nosso Senhor Jesus Cristo, que vive e reina com o Pai e o Espírito Santo pelos séculos dos séculos. Amém.

Segunda parte¹⁴
Os milagres de Santa Clara depois de sua morte

49 ¹Costumes santos e obras perfeitas são o verdadeiro prodígio dos santos. Esse é o testemunho que devemos venerar em seus milagres. ²*João não fez sinal nenhum* (Jo 10,41); mas os que fazem milagres não são mais santos do que ele. ³Por isso, bastaria sua vida perfeitíssima, se outra coisa não fosse pedida pela tibieza e pela devoção do povo.

⁴Clara é ilustre em todo o mundo pela fama dos méritos que teve, enquanto viveu, e mais ainda pela luz dos milagres, agora que mergulhou na claridade perpétua. ⁵Obriga-me a sinceridade que jurei a escrever muitas coisas; seu número me faz passar muitas por alto.

---

¹³ Inês deve ter morrido por volta do dia 27 de agosto e não no dia 16 de novembro, como se disse mais tarde.

¹⁴ É bom observar que o livro não tem uma "Primeira Parte".

Endemoninhados libertados

50 [1]Um menino de Perúgia, chamado Tiaguinho, mais do que doente, parecia possuído por um dos piores demônios. [2]Às vezes, jogava-se desesperado no fogo, ou se debatia no chão. Também mordia as pedras até quebrar os dentes, ferindo muito a cabeça e machucando-se até ficar com o corpo todo ensanguentado. [3]De boca torcida, língua de fora, virava muitas vezes os membros com tão estranha habilidade que se transformava numa bola, passando a perna pelo pescoço.

[4]Essa loucura o atacava duas vezes por dia; nem duas pessoas podiam impedi-lo de tirar a roupa. [5]Procuraram a ajuda de médicos competentes, mas não encontraram nenhum que conseguisse resolver o caso.

[6]Seu pai, Guidoloto, não tendo encontrado entre os homens remédio algum para tamanho infortúnio, recorreu ao poder de Santa Clara e rezou:

[7]"Ó virgem santíssima! Ó Clara, venerada pelo mundo, eu te ofereço meu pobre filho, e te imploro na maior súplica que o cures". [8]Cheio de fé, foi logo ao sepulcro e, colocando o rapaz em cima da tumba da virgem, obteve o favor enquanto o pedia. [9]De fato, o menino ficou livre na mesma hora daquela doença e nunca mais foi molestado por nenhum mal parecido.

Outro milagre

51 [1]Alexandrina de Fratta, na Diocese de Perúgia, era atormentada por um demônio terrível. [2]Dominara-a tanto que a fazia revolutear como um passarinho [3]em cima de uma alta rocha que se erguia à beira do rio. Depois, ainda a fazia escorregar por um galho de árvore muito fino que pendia sobre o Tibre, como se estivesse brincando. [4]Além disso, como tinha perdido completamente o lado esquerdo por causa de seus pecados e tinha uma mão torcida, tentara muitas curas, mas não havia melhorado nada.

[5]Foi compungida ao túmulo da gloriosa virgem Clara e, invocando seus méritos contra a tríplice desgraça, obteve um salutar

efeito com um só remédio. [6]Pois a mão encolhida se abriu, o lado ficou curado, e ela se livrou da possessão do demônio.

[7]Na ocasião, diante do túmulo da santa, outra mulher do mesmo lugar teve a graça de se livrar do demônio e de muitas dores.

Cura de um louco furioso

52 [1]Um jovem francês do séquito da cúria fora atacado de loucura furiosa, que o fizera perder a fala e agitava monstruosamente o seu corpo. [2]Ninguém conseguia segurá-lo de modo algum, pois se revirava horrivelmente nas mãos dos que tentavam contê-lo. [3]Amarraram-no a um esquife, e seus compatriotas levaram-no à força à Igreja de Santa Clara. Puseram-no diante do sepulcro, e ficou completamente curado, na hora, pela fé dos que o levavam.

Cura de um epilético

[4]Valentim de Spello estava tão minado pela epilepsia que seis vezes por dia caía no chão onde estivesse. [5]Além disso, sofria de uma contração da perna e não podia andar livremente. [6]Levaram-no montado num jumento ao sepulcro de Santa Clara, onde ficou estendido durante 2 dias e 3 noites. [7]No terceiro dia, sem que ninguém o tocasse, sua perna fez um ruído enorme e ele ficou imediatamente curado das duas doenças.

Cura de um cego

53 [1]Jacobelo, conhecido como filho da espoletana, doente de cegueira havia 12 anos, andava com um guia e não podia ir sem ele a lugar nenhum senão ao precipício. [2]Uma vez, [o guia] deixou o menino um pouquinho e caiu num buraco, quebrando um braço e machucando a cabeça.

[3]Uma noite, dormindo junto à ponte de Narni, apareceu-lhe em sonhos uma senhora que disse: "Jacobelo, por que não vem a mim em Assis para ficar curado?" [4]Quando acordou, de manhã, contou tremendo essa visão a outros dois cegos. [5]Eles disseram: "Ouvimos falar, há pouco, de uma senhora que morreu na cidade

de Assis, e se diz que o poder do Senhor honra seu sepulcro com graças de cura e muitos milagres".

[6]Ouvindo isso, tratou de pôr-se a caminho sem preguiça e, hospedando-se à noite em Espoleto, teve outra vez a mesma visão. [7]Voou ainda mais rápido, só pensando em correr, por amor à vista.

[8]Mas, ao chegar a Assis, encontrou tanta gente acorrendo ao mausoléu da virgem que não conseguiu de modo algum chegar perto do túmulo. [9]Pôs uma pedra embaixo da cabeça e, com muita fé, apesar da dor de não poder entrar, dormiu ali fora. [10]Então, pela terceira vez, ouviu a voz dizendo: "Tiago, o Senhor lhe concederá o favor, se você puder entrar".

[11]Por isso, ao acordar, rogou chorando à multidão, gritando e implorando que o deixasse passar, por amor de Deus. [12]Aberto o caminho, jogou os sapatos, despiu-se, passou uma correia no pescoço e foi tocar humildemente o túmulo, onde caiu num sono leve. [13]"Levante-se, disse a bem-aventurada Clara, levante-se que está curado".

[14]Levantou-se na hora e, dissipada toda cegueira, sem nenhuma escuridão nos olhos, viu claramente a claridade da luz, graças a Clara. Glorificou a Deus, louvando-o, e convidou todos a bendizê-lo por tão maravilhoso portento.

Cura de uma mão inutilizada

54 [1]Um homem de Perúgia, chamado Bongiovanni de Martino, marchara com seus concidadãos contra os de Foligno. [2]Quando começou a luta de parte a parte, uma forte pedrada esmagou gravemente sua mão. [3]Desejando curar-se, gastou muito dinheiro com os médicos, mas nenhuma ajuda da medicina pôde impedi-lo de carregar aquela mão inútil, com a qual não podia fazer quase nada. [4]Sofrendo por suportar o peso daquela mão que nem parecia sua, e que não usava, teve muitas vezes vontade de mandar cortá-la.

[5]Quando ouviu falar dos prodígios que o Senhor se dignava realizar por meio de sua serva Clara, fez voto e foi pressuroso ao sepulcro da virgem. Ofereceu uma mão de cera e prostrou-se sobre a tumba da santa. [6]Imediatamente, antes de sair da igreja, sua mão foi devolvida à saúde.

Os aleijados

55 [1]Um certo Pedrinho, do Castelo de Bettona, consumido por uma doença de 3 anos, parecia quase todo ressecado por tão prolongado mal. [2]A violência da enfermidade dobrara-o tanto na cintura que, curvo e virado para a terra, mal podia andar, com um bastão.

[3]O pai do menino recorreu à habilidade de muitos médicos, principalmente dos especialistas em ossos quebrados. [4]Estava disposto a gastar todos os bens para recuperar a saúde do filho. [5]Mas, como todos responderam que não havia cura possível para aquele mal, voltou-se para a intercessão da nova santa, cujos prodígios ouvia contar. [6]O menino foi levado ao lugar onde repousam os preciosos restos da virgem e, pouco depois de se deitar diante do sepulcro, obteve a graça da cura completa. [7]Pois levantou-se na hora, ereto e sadio, *andando, pulando e louvando a Deus* (cf. At 3,8), e convidou o povo ali aglomerado a louvar Santa Clara.

56 [1]Havia um menino de 10 anos, da Vila de São Quírico, da Diocese de Assis, *aleijado desde o ventre de sua mãe* (cf. At 3,2): tinha as pernas finas, jogava os pés de lado e, andando torto, mal podia levantar-se quando caía. [2]Sua mãe o havia oferecido muitas vezes em voto ao bem-aventurado Francisco, sem conseguir melhora.

[3]Ao ouvir dizer que a bem-aventurada Clara brilhava com novos milagres, levou o filho ao túmulo. [4]Uns dias depois, os ossos das tíbias ressoaram e os membros ficaram normais. E o que São Francisco, implorado com tantos rogos, não tinha concedido, foi outorgado pela graça divina por sua discípula Clara.

57 [1]Um cidadão de Gubbio, Tiago de Franco, tinha um filho de 5 anos que, fraco dos pés, nunca andara nem podia andar. Lamentava-se pelo menino como uma mancha para a casa, o opróbrio da família. [2]O rapaz deitava-se no chão e arrastava-se no pó, querendo às vezes ficar em pé com um bastão, sem conseguir. A natureza dera-lhe o desejo de andar, mas negava a possibilidade.

[3]Os pais encomendaram o menino aos méritos de Santa Clara e, para usar suas palavras, prometeram que seria um "homem de Santa Clara", se obtivesse a cura através dela. [4]Foi só fazer o voto, e a virgem de Cristo curou o seu homem, devolvendo a capacidade

de andar bem ao menino oferecido. [5]Os pais correram logo ao túmulo da virgem com ele, que brincava e saltava todo alegre, e o consagraram ao Senhor.

58 [1]Plenéria, uma mulher do Castelo de Bevagna, sofria uma contração na cintura havia muito tempo e só podia andar apoiada num bastão. [2]Mas isso não a ajudava a levantar o corpo curvo, e se arrastava por toda parte com passos vacilantes. [3]Numa sexta-feira, fez-se levar ao sepulcro de Santa Clara, onde rezou com a maior devoção e obteve de imediato o que confiantemente pedia. [4]Assim ela, que tinha sido levada pelos outros, voltou no sábado seguinte com os próprios pés para casa, completamente curada.

Cura de tumores da garganta

59 [1]Uma moça de Perúgia sofrera longamente muita dor com uns tumores da garganta, que o povo chama de escrófulas. [2]Em sua garganta, dava para contar umas vinte bolhas, de modo que o pescoço dela parecia bem mais grosso do que a cabeça. [3]Sua mãe a levou muitas vezes ao túmulo da virgem Clara, onde, com toda devoção, implorava a santa em seu favor. [4]Uma vez, a moça ficou a noite inteira deitada diante do sepulcro, suou muito e os tumores começaram a amolecer e a sair um pouco do lugar. [5]Com o tempo e pelos méritos de Santa Clara, desapareceram de tal modo que não sobrou absolutamente nenhum vestígio deles.

[6]Ainda durante a vida da virgem Clara, uma Irmã chamada Andreia sofreu de um mal semelhante na garganta. [7]Certamente é estranho que, entre as brasas ardentes, se ocultasse alma tão fria e que, entre virgens prudentes, houvesse uma estulta imprudente. [8]O certo é que uma noite Andreia apertou a garganta até se afogar, para expulsar o inchaço pela boca, querendo sobrepor-se ao que Deus queria para ela.

[9]Mas Clara, por inspiração, soube disso na mesma hora e disse a uma Irmã: [10]"Corra, corra depressa ao andar de baixo e faça a Irmã Andreia de Ferrara tomar um ovo quente. Depois venha aqui com ela".

[11]A outra foi correndo e encontrou Andreia sem falar, quase afogada por ter-se apertado com as mãos. [12]Ergueu-a como pôde e

a levou consigo à madre. A serva de Deus disse-lhe: "Pobrezinha, confesse ao Senhor seus pensamentos, que até eu sei muito bem quais são. [13]O que você quis sarar vai ser curado pelo Senhor Jesus Cristo. [14]Mas mude de vida para melhor, porque você não vai se levantar de outra doença que vai ter".

[15]A estas palavras, ela recebeu o espírito de compunção e mudou sua vida bem valorosamente para melhor. [16]Pouco tempo depois, já curada do tumor, morreu de outra doença.

Os salvados de lobos

60 [1]A região costumava ser assolada pela ferocidade cruel dos lobos que, atacando os próprios homens, muitas vezes comiam carne humana. [2]Uma mulher chamada Bona, de Monte Galliano, na Diocese de Assis, tinha dois filhos. Mal acabara de chorar por um, que os lobos tinham arrebatado, quando eles se precipitaram com a mesma ferocidade sobre o segundo. [3]A mãe estava em casa, nos afazeres familiares. O lobo meteu os dentes no menino que andava lá fora e, mordendo-o pela cabeça, correu depressa para o mato com a presa.

[4]Ouvindo os gritos do menino, os homens que estavam nas vinhas gritaram para a mãe, dizendo: [5]"Veja se seu filho está em casa, porque ouvimos há pouco uns gritos estranhos".

[6]Quando a mãe viu que o filho tinha sido levado pelo lobo, levantou seus clamores para o alto e, enchendo o ar de gritos, invocou a virgem Clara, [7]dizendo: "Santa e gloriosa Clara, devolva meu pobre filho. [8]Devolva, devolva o filhinho à mãe infeliz. [9]Se não fizer isso, vou me matar na água".

[10]Os vizinhos correram atrás do lobo e encontraram o menininho abandonado por ele na selva, com um cachorro lambendo suas feridas. [11]O animal selvagem começara mordendo a cabeça; depois, para levar mais facilmente a presa, abocanhou-a pela cintura, deixando marcas profundas da mordida nos dois lados.

[12]A mulher, vendo atendido seu pedido, correu com as vizinhas para sua protetora e, mostrando as diversas feridas do menino a quem quisesse ver, deu muitas graças a Deus e a Santa Clara.

61 [1]Uma menina do Castelo de Cannara sentara-se em pleno dia no campo e outra mulher reclinou a cabeça em seu regaço. [2]Então, um lobo à caça de gente chegou furtivamente à presa. [3]A menina viu-o, mas achou que era um cão e não se assustou. [4]Continuou a acariciar os cabelos, e a fera truculenta avançou em cima dela, prendeu-lhe o rosto com suas amplas fauces abertas e correu com a presa para o mato.

[5]A mulher assustada levantou-se depressa e, lembrando-se de Santa Clara, começou a gritar: "Socorro, Santa Clara, socorro! Eu lhe encomendo agora esta menina!" [6]Então, coisa incrível, a que estava sendo levada nos dentes do lobo increpou-o: [7]"Você ainda vai me levar, ladrão, depois que me encomendaram a tão santa virgem?" [8]Confundido, ele a depositou logo suavemente no chão e fugiu, como um ladrão surpreendido.

A canonização da virgem Santa Clara

62 [1]Quando se espalhou a notícia desses milagres e a fama das virtudes da santa começou a se propagar cada vez mais amplamente, estava na Sé de Pedro o clementíssimo príncipe Senhor Alexandre IV, amigo de toda santidade, protetor dos religiosos e firme coluna das Ordens. Todo o mundo já esperava com grande desejo a canonização de tão insigne virgem. [2]Por fim, o referido pontífice, como que levado pelo acúmulo de tantos milagres a uma decisão insólita, começou a tratar de sua canonização com os cardeais.

[3]Entregou o exame dos milagres a pessoas dignas e discretas, encarregadas de estudar também sua vida prodigiosa. [4]Viu-se que Clara tinha sido, em vida, claríssima pela prática de todas as virtudes [5]e, morta, admirável por milagres autênticos e comprovados.

[6]Num dia marcado, houve uma reunião do colégio dos cardeais, com a presença de arcebispos e bispos. Apresentou-se uma multidão de clérigos e religiosos, com a assistência de muitos sábios e poderosos. [7]O sumo pontífice propôs o salutar assunto e pediu a opinião dos prelados. Todos se demonstraram imediatamente favoráveis, dizendo que era preciso glorificar na terra Clara, que Deus havia glorificado nas alturas.

[8]Já perto do dia de sua migração, 2 anos depois do seu trânsito, o feliz Alexandre, a quem Deus reservara essa graça, convocou a multidão dos prelados e de todo o clero e fez-lhes um sermão. Depois, com a maior afluência de povo, inscreveu reverentemente Clara no catálogo dos santos e decretou que em toda a Igreja se celebrasse solenemente a sua festa, [9]que foi o primeiro a celebrar solenissimamente com toda a cúria.

[10]E isso teve lugar em Anagni, na igreja maior, no ano de 1255 da Encarnação do Senhor, primeiro ano do pontificado do Senhor Alexandre. [11]Para louvor de Nosso Senhor Jesus Cristo, que com o Pai e o Espírito Santo vive e reina pelos séculos dos séculos. Amém.

4
Legenda Versificada de Santa Clara de Assis

I – Ao santíssimo e beatíssimo pai, o senhor Papa Alexandre
Manso Alexandre, bom pastor, papa bem-aventurado, modelo dos pontífices, glória dos primazes, exemplo do clero, comandante sagrado do povo, refúgio da plebe, príncipe da Igreja, luz do mundo, o maior dos padres. Tu és despenseiro celeste e sumo ministro, sucessor e herdeiro do primeiro apóstolo. O Abel dos primeiros tempos foi uma figura tua, o dirigente Noé, teu símbolo místico; e o grande patriarca Abraão te prefigurou. Moisés te pintou como condutor, Aarão como pontífice, Samuel como censor. O poder do cargo supremo te aponta como Pedro; a união, como Cristo.

Recebe, pai santo, esta obra. Que o esplendor da matéria redima a impropriedade das palavras, que os aspectos preclaros do tema bem-aventurado façam resplandecer a forma obscura.

Que estas palavras, escritas com estilo humilde, possam, por tua graça, penetrar nos ouvidos da tua doçura. E não deves desprezar as coisas ínfimas, porque a ti, que és sumo, convêm as coisas sumas. E nem, porque és grande, deves pisar sobre o que é menor.

Não busques o que há na oferta, pensa antes na intenção de quem a fez: o afeto dá cor ao que é abjeto, dá nobreza ao que é vil. E a vontade generosa iguala as coisas pequenas às grandes, os cargos aos cargos.

II – Palavras do autor
A mente rude e simples tem medo do começo, olhando admirada para a grandeza da obra, e se assusta com o meio e o fim. O sol esconde as estrelas; o nobre tema deixa confuso o espelho da inteli-

gência. Quem vai buscar frutos gostosos numa árvore estéril, quem vai querer tirar do mármore duro as águas de um rio, ou vai esperar delícias de uma mesa pobre? Pois é uma temeridade que alguém que nem sabe falar, que é um mendigo de sentido, tenha a ousadia de falar de ações santas e queira exaltar em poesia a luz dessa nova lâmpada, quando a musa de Virgílio se deteria e qualquer língua de poeta ficaria paralisada.

Desfalecem as forças da inteligência. A mente, desfigurada pelo reato, freia a capacidade da língua, e acha que é profano um sujo de manchas meter-se a louvar as grandezas da virgem, ou um incestuoso celebrar a casta com sua palavra, um poluído louvar aquela que não tem máculas, um junco falar de uma flor.

Mas vou ousar fazer este trabalho, porque o conceito da mente, que relega a culpa, obriga a devoção fervorosa a se derramar para a luz. Invoco o Autor de toda luz para que regue a minha mente com a chuva do céu, que a impregne e ilumine, afastando a nuvem dos vícios. Que também esteja presente neste esforço a Luz da luz, o Esplendor do espelho do Pai, sua Sabedoria, forma e figura. Que a obra seja pintada pelo pintor das coisas, que as coisas vivas do coração sejam acesas por aquele espírito por cujo sopro sagrado as coisas frias se inflamam, regam-se as áridas. Com essa base, poderei cantar os valores da virgem Clara em linguagem métrica, conforme o desejo. Seu nascimento foi claro, claros os seus começos, clara a fé, claro o hábito, claros também os costumes. Claro o odor da fama, clara sua morte, claro é o seu sepulcro, clara a cinza, claros os milagres, claro o espírito, colocado em uma região clara.

III – *Prefácio sobre a Legenda de Santa Clara virgem*

Polindo o texto da história de acordo com a métrica, quero adiantar uma coisa: que não vou buscar as ficções dos poetas ou os adornos dos antigos, de modo que um sentido adúltero revista esta obra, ou uma palavra sofisticada dê cor à matéria, que precisa ser vestida com a sua luz, para que o escritor se prenda aos fatos e dê a feição da verdade àquilo que diz. Que não agrade os ouvidos com o enfeite das palavras, mas impregne com a doçura da verdade as mentes atentas.

Não quero o aplauso dos homens nem busco os seus louvores, para que a aura de um trabalho leve não me roube o fruto.

A mente humana, tentando falar de tão grande virgem, conceba coisas sóbrias, não se entregue àquele cume elevado ou luz inviolável que supera a mente humana e que quer chegar ao sentido da luz angélica. Que nestas coisas a mente proceda de forma que a fé seja simples, simples a exposição das palavras. Por isso, vou tratar serenamente das coisas mais leves, deixando as que são mais grandiosas para os que são notáveis por seu talento, contentando-me com a palavra simples.

IV – Começa a Legenda e, em primeiro lugar, qual foi a necessidade de novas Ordens

O esplendor da luz ingênita, perenemente gerado, princípio do princípio, cuja sabedoria distinguiu em causas diversas as sementes das coisas, movido pela queda do gênero humano, veio para o seio da Virgem, revestiu-se de carne, unindo as duas naturezas por obra do Espírito Santo.

Como um esposo de seus aposentos (cf. Sl 18,6), saiu do seio da Virgem celeste e, revestido da carne frágil, entrou em campo. Afinal, combatendo com o príncipe da morte, sob uma piedosa fraude, o próprio piedoso Redentor repeliu os projetos do inimigo num admirável encontro.

Diluiu nossos sofrimentos na água do seu sangue precioso, quando pendeu na cruz: aí resolveu os danos que o saborear do fruto proibido tinham ajuntado no mundo.

Aquela Igreja que ele primeiro redimiu na agonia da morte, Cristo a fundou nos discípulos apostólicos, pelos quais ressoou mundo afora a doutrina da verdade e os reinos do mundo foram conquistados para a fé, cuja plantação pura, pelo crescimento do joio maligno, murchou em nossos tempos, e a própria virtude sucumbiu ao vício; apodreceu a face da Igreja, endurecida pelo reato. A heresia, que sempre precisou disso para rasgar a túnica do Senhor, não serpenteia como outrora, nem se esconde nos porões; despindo os antigos subterfúgios, publica os erros e defende os dogmas falsos.

Errou o povo, errou o próprio sacerdote, erraram os chefes: o cuidado do pastor abandonou o ovil, descuidou de guardar as ovelhas, expondo-as às fauces dos lobos. Calou-se a língua dos doutores, arrefeceu a própria vida do claustro.

Que mais? Concluiu todo tipo de reato, sem excluir nenhum. Assim cresceram os males, assim se esfriou o fogo do amor, pois a jangada da Igreja, agitada por ondas incontáveis, deprimida por males inúmeros, sacudida pelas tempestades, gemeu, arrancou suspiros lá do fundo do coração. Já não conseguindo manter-se firme, como que mergulhada em um mar profundo, tornou a voltar seus gemidos e lágrimas só para Cristo.

Querendo ir ao encontro de seu naufrágio e enxugar suas lágrimas, o Navegante celeste enviou dois mensageiros, como astros esplêndidos, para iluminar o mundo com um novo esplendor pela sua luz nova, de modo que, expulsas as névoas dos erros e cortados os vícios com a foice de sua palavra, vigorasse a cultura da fé. Mandou-os como estrelas cadentes no entardecer do mundo, acendendo-os com o sopro do clarão eterno, para renovar com sua luz o que estava envelhecido no mundo.

Esses dois, de formas variadas e com vestes diferentes, desprezaram os gozos do mundo que passa, seguindo por voto os vestígios sagrados da conformidade com Cristo. Um deles, tomando seu nome do nome do Senhor[1], foi espelho e condutor dos pregadores de Cristo. Outro, Francisco, que se apresentou diante de todos com roupa vil, tornou-se o comandante dos Menores.

O que era pequeno cresceu como mil, a *pedrinha* minúscula transformou-se em *alta montanha* (cf. Dn 2,35), da pequena *fonte* saiu um vasto *rio* (cf. Est 10,6; 11,10), que se derramou pelo mundo. Sua água rega o mundo, e a bebida da doutrina saudável acaba com o calor dos vícios.

Este, vendo como eram passageiros os gozos do mundo que foge e que os prazeres da carne morrem com a carne, não sobrando coroa nenhuma, se não for conquistada na luta, entrou em guerra

---

[1] São Domingos. Seu nome *Dominicus* quer dizer "do Senhor (*dominus*)".

com o mundo, enfrentou um admirável duelo com o príncipe do mundo, mesmo estando em um corpo frágil.

Domando os impulsos, *participando da morte* de Cristo *em seu corpo mortal* e *levando* em seus membros os piedosos *estigmas* (cf. 2Tm 2,11; Gl 6,17), esmagou os exércitos do ar e as iras do cruel demônio, as fúrias dos espíritos e os dardos de fogo.

Sem usar o ferro, aquele novo atleta juntou na fortaleza da fé novas espécies de armas: uma fé firme do coração e a confiança na palavra, uma compaixão admirável pelo Cristo pendente da cruz, o desprezo das coisas, a vontade da carne refreada, vigílias noturnas, oração simples da mente, parcimônia na comida, suspensão da bebida, açoites na carne, uma corda rude, pés descalços e ainda uma roupa áspera. Foram essas as munições e as armas do apóstolo.

Todo inflamado no fogo do divino Espírito, e aos outros dando exemplo, foi chamado de *lâmpada acesa e iluminadora* (cf. Jo 5,35) da bem-aventurada Luz eterna: dotado desses dons, ele foi um segundo João.

Este, esperto na nova maneira de lutar e fervoroso na armadura, militou nos acampamentos da Igreja com seus filhos, protegeu os muros da fé católica e confundiu os estímulos da nefasta heresia com o corte da verdade.

Este, pelo esplendor de sua vida, pela doçura da palavra, espantou a muitos radiantemente, a muitos afastou do abismo do mundo e, mergulhados no redemoinho dos crimes, levou-os ao porto do perdão, tornando participantes do Reino bem-aventurado aqueles que ensinou pelo exemplo a mendigar neste tempo, e aos que o desprezo da vida tornou miseráveis ele lhes deu oportunidade de serem bem-aventurados no céu.

V – Nascimento e comportamento na casa paterna

Em seu tempo, chovendo os céus os seus dons, Assis produziu uma flor e astro novo, Clara, pela qual o mundo floresce e clareia, e a ordem de virgens, outrora quase morta, reviveu com o seu perfume novo, com o seu esplendor feliz. Ficou toda cheirosa a pátria, brilhou a província inteira. A terra fértil e a vinha generosa de Assis, alegrando-se com dois frutos, enriquecida com dupla palma, brilhou no mundo como uma mística Belém.

Aquela produziu Cristo; esta deu Francisco, nobre membro de Cristo. Aquela irradiou-se pelo parto admirável da Virgem; destaca-se esta pelo nascimento de uma virgem.

Esta virgem pudica saiu como uma lâmpada rutilante, notável pelo sangue, nascida de nobre estirpe. Sua mãe chamava-se Hortolana, gozava de nobres estudos, era amiga da piedade. Brotando de uma nobre raiz, a virgenzinha cresceu: de uma doce flor procedem doces frutos, uma terra fértil é recomendada pelos frutos abundantes.

Quando estava grávida dela, como teve muito medo do parto, a mãe estava orando e ressoou uma voz em seus ouvidos: "Não temas, salva por graça divina, vais dar à luz uma luz por cujo moderno fulgor vai ser iluminado o mundo".

Por causa dessa palavra, recebeu o nome de Clara na água do rio sagrado, para que o nome concordasse com o fato, ou o fato com a palavra. Ela foi uma aurora que surgiu com luz modesta e aos poucos foi se tornando mais clara pelos esforços da mente; na medida da capacidade da infância da virgem, conforme o exigia o senso pueril, assim a insuflava o Espírito, assim a aperfeiçoava nos atos.

A filha habitualmente segue os passos da mãe. De mente atenta, dócil de ânimo, com sentido muito lúcido, guardando num coração sincero as primícias da fé que recebeu da boca da mãe em seus verdes anos, já tratava de fazer de si mesma um templo para o Senhor; à medida que o culto a Deus e a prática da vida célibe marcava o tempo primevo dos anos mais tenros, buscava, na concepção pura da mente, poder dar-se como primícias para Cristo, interior e exteriormente.

Trabalhava com as mãos para ajudar os pobres e, orando atentamente, oferecia-se interiormente como incenso ao Senhor.

Muitas vezes, contando Pai-nossos com pedrinhas, costumava cantar os louvores do Senhor sem descansar. Enquanto alimentava os miseráveis e enquanto mantinha a mente nas coisas do alto, segue Marta e, ao mesmo tempo, abraça Maria. Desprezando já as coisas moles e escondendo as ásperas com as moles, vestia a carne com roupa de lá picante.

Quando os pais quiseram que ela se casasse com um homem, negou-se, desejando os esponsais com Cristo esposo, cujas agradáveis delícias já pudera provar; em seus abraços e beijos, dignos do pudor de uma virgem, suspensa pelo prazer da mente e sentindo-se doce por seus favos, enlanguescia por seu amor.

Ó obra da divindade, ó desígnio máximo do conselho supremo! A mente em que desceis como chuva é por vós purificada dos vícios, vós a refazeis com o néctar celeste, suavizais, adoçais, acendeis na chama do amor, arrancais da terra, carregais para os céus, para que assim seja um espaço vosso, seja templo, mansão, sede, e [nela] possais vir, permanecer, deitar-vos, comer e descansar.

VI – Conhecimento e familiaridade de Francisco

A virgem, concidadã do comandante sagrado e êmula de sua vida, quando teve conhecimento do odor de sua chama fragrante, quis ouvi-lo e vê-lo, com um coração nada tíbio.

Encontraram-se por vontade de ambos: o homem santo não tinha menor desejo de vê-la, pois esperava, por uma doce fome, como um bom predador, arrancar tal presa dos laços do mundo para prendê-la aos esforços supernos. Como era ele quem mais ardia, e era mais conveniente para ela, foi ele quem a visitou primeiro, e foi muitas vezes visitado por ela. Alternaram as vezes e escolheram os tempos mais adequados, para não dar ocasião de boatos a suas intenções sagradas. A dedicada donzela foi ao santo pai ocultamente, contentando-se com uma companheira.

O homem santo falava. Suas palavras suspendiam a moça, que era arrebatada para onde a levava a doutrina de quem falava. Tentando persuadi-la, levava com suas palavras a desprezar o mundo, ensinando que eram vãos os gozos desta terra: delícias, opiniões, honras de um mundo que passa, formas, pinturas, e todos os sofismas das coisas ele assemelhava à fumaça, comparava com a sombra que foge.

Assim, continuando com essas palavras, condenava com a doutrina sagrada os enganos, feria também a união da carne. Exortava a virgem a prometer que iria desposar Cristo, exaltando com louvores os insignes valores da virgindade.

Não vou insistir mais. Quando o mestre fez essa conclusão, a virgem concordou. Ela, que tinha se aquecido com o pequeno fogo de um amor que nascia, ardeu mais fortemente quando seu calor cresceu. E pôs em prática no exterior o que tinha concebido interiormente. Procurou o tempo e a hora.

Parecia uma cítara que tivesse sido tocada pela voz, quando a virgem se fez sonora, obedecendo aos conselhos: foi tocada nos ouvidos, pegou fogo por dentro. É assim que a massa rude se torna dúctil na chama, é domada pelo fogo, se cunha em algo bonito, produzindo uma moeda.

VII – Como, convertida por São Francisco, passou do século para a vida religiosa

Como a virgem estava sequiosa de fugir do mundo e o mestre a impelia, perguntou-lhe quando ou de que forma tinha que agir. E o guia, temendo adiar mais o que o Espírito Santo soprara interiormente no próprio vaso virginal, e para que aquele espelho que a verdadeira sabedoria limpara não viesse a sujar-se com a poeira do mundo, mandou que no próximo Domingo de Ramos ela fosse às palmas com um vestido bonito e, depois, na noite seguinte, abandonando os acampamentos da passageira vida presente, *convertesse os gozos* (cf. Hb 13,13; Tg 4,9) do mundo nas lágrimas da cruz.

A virgem cumpriu a ordem do pai, entrou na igreja e se destacou no grupo das mulheres com clareza. Quando todas as pessoas foram buscar os ramos, ela conteve os passos, retida por uma espécie de pudor. Por disposição de Deus, o bispo desceu até ela e lhe entregou a palma. Isso era um presságio: o bispo prestava uma honra especial àquela que Deus já desposara interiormente.

Como seu instrutor mandara, na noite seguinte Clara saiu de seu lar e foi depressa à casa da Virgem Sagrada. Os frades receberam-na com muitas luzes, alegres pela rica presa arrebatada das redes do mundo. Imediatamente, cortados os cabelos, deixou os diversos ornatos e pompas. Saiu do mundo, renunciou às fezes da Babilônia e a todos os enganos, renunciou a tudo que era sórdido.

Deu à luz exteriormente o que antes tinha concebido de sua união com Cristo: no templo sagrado da Virgem comprometeu-se com o Filho em firme aliança de amor, dando a Cristo as insígnias da flor virginal. Feliz união! Feliz profissão, casto amplexo, agradável amor, doce ligação, solícito esforço, fervorosa dileção! Grande é a piedade, admirável a dignação de Deus, pela qual a mente devota desposa Deus; a carne frágil desposa o Verbo; as coisas ínfimas juntam-se às mais elevadas e as mais vis às mais queridas!

O sábio condutor mandou levar a moça para São Paulo até que o Esposo celeste dispusesse o que queria que fosse feito depois.

VIII – Como foi combatida pelos parentes

Esse fato ficou conhecido por um boato que saiu voando. Correram, com o coração ferido, para levar a moça de volta. Fizeram muitos agrados. Amontoaram promessas, agitaram a mente da virgem com suas fúrias, tentaram demovê-la. Insistiram, mas nada conseguiram. Trabalharam em vão.

Ela descobriu a cabeça e se agarrou às toalhas do altar; clamou que não queria abandonar o serviço de Cristo e que nunca iria quebrar o voto feito. Reforçava-a por dentro o fervor do amor divino, e sua virtude cresceu na medida em que cresceu a guerra dos seus.

Quanto mais insistiam, mais resistia e não queria ceder. Assim, a constância de Clara venceu os seus sem ser vencida.

Apraz-nos recordar aqui os luminosos exemplos de Luzia. Conta-se que assim insultou o tirano Pascásio: "Meu ânimo não sofre nenhuma força e não se abate por temor nenhum; a violência só atinge o corpo".

IX – Como chegou à Igreja de São Damião

Depois disso, obedecendo à ordem de Francisco, a virgem piedosa mudou-se para a casa de São Damião. Esta foi a caverna em que a pomba bendita (cf. Ct 2,14) construiu um ninho para suas filhas virginais. Escondeu-se para o mundo, por amor do esposo celestial.

Aqui, macerando o corpo, abatendo a fome da carne, ensinou a si mesma e às companheiras como domar os monstros dos vícios. Aqui o sexo frágil, o grupo inerme de mulheres, enquanto lutavam consigo mesmas, enquanto se flagelavam na carne, venciam os grupos dos espíritos e o tirano do inferno.

Aqui ela viveu 42 anos e ensinou muitas senhoras e muitas moças a servir a Deus numa roupa pobre. Aqui os lírios das virtudes resplandeciam as flores dos costumes. Aqui, aos olhos da mente, tornavam-se visíveis as coisas do céu.

Como é que vou contar tudo que tornava feliz esse grupo? Colocaram-se como espelho de uma Religião em primavera. Que luta nova, que nova guerra, que admirável reunião, admirável conflito, triunfo digno de louvor! O sexo inferior, oprimido pelo peso da carne, supera as forças do ar e repele suas fraudes!

X – A fama de suas virtudes espalhada por toda parte

A bondade suma de Deus, não querendo que a *lâmpada* ficasse escondida *embaixo do alqueire* (cf. Mt 5,15), quis, pelo mérito crescente da moça, que muitos fossem banhados em sua luz, que a fama de Clara, refulgindo, clareasse muitos no mundo.

O odor de sua fama se espalhava, enchia os lugares mais próximos da terra. De toda parte acorreu o grupo feminino: os vasos pudicos das mulheres correram para desposar Cristo a exemplo da virgem. As casadas com marido se retraíram aos excessos da carne, as notáveis pelo sangue desprezaram os ricos palácios, fundaram lugares religiosos, e se encerraram. A vida dura agradava por causa dos prêmios da vida suprema.

E assim, por vontade de Deus, sua fama fragrante iluminou regiões remotas, aspergiu reinos e soltou por todo o mundo os raios de sua vida resplandecente. Clara, fechada numa cela pequena, com uma roupa vil, penetrava nos aposentos dos magnatas, e o *nardo* cheiroso derramava seu *odor* gostoso (cf. Ct 1,11) no interior dos palácios reais.

Esta comandante sagrada mostrava às senhoras de estirpe real como desprezar os enganos da carne petulante e as delícias do mundo, não querer maridos que iam morrer, mas, a seu exemplo, desposar o Esposo celestial.

Para buscar as virtudes, sob a direção de Clara, surge um grupo da Igreja florido com numerosas discípulas. Os ramos dão tantas folhas, a virgenzinha primaveril dá tantas flores, e tantos filhos a mãe, sem a semente da carne, que bem lhe cabem as palavras místicas do profeta: a estéril mostra-se na geração mais generosa que a casada (cf. Is 54,1). Enquanto ela tem sede de almas, enquanto nelas se deleita, pede para ser sustentada com maçãs, apoiada em flores, dizendo qual a causa: *"porque morro de amor"* (cf. Ct 2,5).

XI – A sua santa humildade

Esta primeira pedra de sua Ordem, esforçada nutriz e guarda, querendo formar as filhas na busca das virtudes, como uma mãe humilde e previdente, colocou em primeiro lugar a gema da virtude no ensino dos costumes: foi esta que cultivou, foi esta que escolheu para vestir as próprias irmãs.

Da qual virtude, como de uma raiz bem-aventurada, vicejam no afeto da mente as santas plantações. Esta é a que constrói as outras virtudes, que lhes dá cor e com seus dons torna capazes as mentes aptas.

Esta, lembrada da queda humana, como um hissope da mente, purifica o sentido da alma, expulsa o enchimento. Esta, como uma amiga especial do sumo esposo, morando na mente da virgem e brilhando em suas ações, sugere que, apesar de ser a primeira na Ordem, despreze o primado e se recuse a *ser chamada de mestra* (cf. Mt 23,8).

Ela recebeu contra a vontade, por ordem de Francisco, o peso do cargo, o cuidado e o governo das irmãs. Mas, no cargo, não fez nada de grave, nem deu nenhum motivo de soberba. Até como prelada serve às suas [Irmãs], a virgem foi menor por seu ministério e forma das menores.

Seguindo o exemplo do Senhor e Mestre supremo, não buscava ser servida, mas estava preparada para servir. Olhava-se em seus costumes como quem se espelhasse em um espelho.

Que cada filha não quisesse passar à frente da irmã, mas que antes a maior procurasse servir a menor. Era isso que liam na madre e repetiam o exemplo da mestra. Sempre prestativa, a madre muitas vezes derramava a água nas mãos das Irmãs e servia as companheiras à mesa. A virgem não fugia da sujeira nem ficava horrorizada com o que cheirava mal: lavava as doentes e enxugava as cadeiras feias, fazendo-se obscura ao lavar os pés das criadas.

E não quero deixar de contar um fato memorável: quando, uma vez, ela inclinou a boca para os pés de uma criada, a criada se espantou, puxou o pé e, ao puxá-lo, bateu com ele na boca da senhora. Ela mostrou um rosto agradável e retomou com doçura o pé da serva, dando-lhe logo um beijo na planta.

XII – A santa e verdadeira pobreza

A mãe pobrezinha ensinava o caminho às pobres. Como já tinha desprezado o mundo na mente, desfez-se da herança paterna, dando-a aos miseráveis, e já abandonou o mundo por voto. Com o Cristo pobre, seguiu a pobreza, desejando mendigar com a mãe pobre de Cristo. Alegrou-se de correr atrás de Cristo, tendo expulsado o mundo para fora do coração, liberada do peso das coisas terrenas. E abriu a mente no aperto da pobreza. Pelo desejo da vida bem-aventurada, pisou aos pés os gozos deste mundo.

Já não queria mais nada a não ser Cristo. Já não esperava senão Cristo e a suas companheiras não permitia terem nada. Só a pobreza lhe agradava. Por amor a ela, as doçuras perdiam o gosto, as coisas preciosas tornavam-se vis.

Aqui pôs o seu ninho, aqui juntou o seu tesouro, e ela se tornou a sua munição, a sua defesa, o abrigo da mente contra a carne, o mundo e o grande tirano.

Lutou com o nada, triunfou com a pobreza, ó novidade! A virgem pediu, pela honra da pobreza, que a sua nova Ordem, criada na pobreza, fosse perpetuada pela garantia da Sé Apostólica. Embora fosse insólito o que a pobre Clara requeria, assim foi feito, e uma carta papal confirmou-lhes o título da bem-aventurada pobreza.

Mais tarde, embora, por causa das duras iras do tempo corrompido, o papa lhe quisesse conceder umas poucas terras, prometendo dispensá-la do voto, ela resistiu. Conta-se que assim disse ao papa: "Não quero absolutamente ser dispensada de seguir Cristo".

Parece ser muito elevada a mulher que ousou ir contra o mestre, o sumo pontífice, a quem o poder divino deu a possibilidade de *desligar e ligar*! (cf. Mt 16,19). Talvez porque tinha tomado a bebida daquele cuja doutrina nem pode falhar nem soube o que é falhar, e porque era interiormente movida pelo Espírito Divino.

Onde Ele sopra, *aí está a liberdade* (cf. 2Cor 3,17). Não estão sob a lei os que Ele impulsiona: ele está acima de toda lei.

Quando os esmoleres lhe levavam o necessário para viver, alegrava-se com o pouco e parecia triste com o que era demais. Não gostava do pão que lhe era levado inteiro; gostava mais dos pedaços ou restos, das migalhas de pão.

Como desprezava o grande e tinha horror ao muito, aproveitava para acumular do pouco e com isso se alegrava. O *Senhor das virtudes* (cf. Sl 23,10), doce, piedoso e benigno, querendo multiplicar o pouco, como a virgem merecia, e exaltar o mérito de Clara com sinais claros, começou com as coisas pequenas para o louvor dessa virgem, quando o conjunto das irmãs pôde compartilhar um só pão. Para que isso fique mais claro, demonstra-o o relatório a seguir.

XIII – O milagre da multiplicação do pão

Pois o sagrado convento tinha só um pão, apertava a fome, e chegara a hora de comer. Trouxeram o pão. Chamada, a despenseira cortou-o ao meio. Uma parte foi levada para fora, para os frades. A outra foi guardada para as companheiras, por ordem da madre. Ela mandou dividir o meio-pão em cinquenta partes e servi-lo. A servidora disse: "Essa divisão exige os milagres antigos". A madre respondeu: "Filha, faze, cumpre o que foi mandado".

Então ela se apressou, querendo dar conta do que lhe tinham mandado. A madre correu a Cristo, suspirou e rezou. Então, aquele pouquinho cresceu de tal forma, por obra de Cristo, que com ele ficaram saciadas quase cinquenta Irmãs. A piedade superna quis aumentar os pedacinhos exíguos, pois a sua onipotência preenche tudo.

Ó máximo da piedade suma! Ó abundância que nunca falta! Antes, corres lá do alto, rica, muito ampla, abundante, choves dons, multiplicas os bens, espalhas benefícios.

XIV – Outro milagre que lhe foi dado do céu: o azeite

Certo dia, tinha acabado de vez o azeite para as pobres de Cristo. Então, a bondosa madre, compadecida das companheiras, pegou uma vasilha, lavou-a com suas próprias mãos e colocou-a lá fora, onde um servidor iria buscá-la. Ele foi chamado para ir logo pedir azeite. Mas, enquanto ele estava indo, Deus passou à frente do serviço do frade e encheu a vasilha. Quem obteve isso foi a oração suplicante da madre.

Apressando-se e vendo a vasilha cheia, o frade murmurou, dizendo que tinha sido enganado e chamado à toa.

Talvez fiques admirado, leitor, como se fosse admirável. Mas assim deves te admirar, acreditando que isso ainda é mais louvável, e digas que em tudo crês, que tudo veneras, porque isto é obra do *Deus que é admirável em seus santos* (cf. Sl 67,36).

O Senhor faz grandes coisas, quando o servo merece coisas grandes. Veneremos o servo pelo mérito e Deus pela ação. Não quero que admires a vasilha cheia de azeite, mas, se admirares, que admires mais ainda Aquele que deu o azeite, sem falta de óleo preencheu a mente de Clara, banhando-a com o orvalho bem-aventurado e difundindo imediatamente o seu nome pelo mundo.

Fez uma saliunca crescer como um verde loureiro e quis que a mirica[2] passasse a ser um cedro enorme. Quem não se admiraria?

---

[2] Saliunca e mirica são nomes de plantas silvestres, pequenas, mas perfumadas.

Uma mulherzinha humilde, cerâmica quebradiça, cinza fina, cresceu tanto, sem demora, que sua *casa*, ou pátria, *não conteve o odor de seu perfume* (cf. Jo 12,3), pois o mundo inteiro foi por ele invadido.

XV – A mortificação da carne

Clara não queria privilégios para si mesma, pois não procurava o que era mais mole e queria observar a lei comum. Tentava coisas demasiado ásperas, coisas que são maravilhosas para contar, mas horrorosas para viver. Não o fazia pelo voto. Talvez lhe parecesse muito leve.

Clara usava um vestido tecido com pelos rudes ou um manto vil. Padecia, apertando o peito sob um couro de porco, juntando a carne frágil com o corte muito áspero dos pelos. Dilacerava-a também com roupas vis feitas com crina de cavalo ajuntada em nós, apertando-se com um laço rude. A miseranda carne lamentava-se porque nossos pais pecaram, e sua posteridade, herdeira da carne viciada, tornou-se lúbrica, feita de males, carregada de culpas, condenada sem querer às penas e entregue à morte.

Fez da terra nua o seu leito. Às vezes, sua cama eram sarmentos cortados, e sob a cabeça punha um lenho como travesseiro. Às vezes, deitava-se numa esteira, pondo sob a cabeça um pouco de palha, como se fossem penas.

Entretanto, como o corpo já sofrido mal pudesse continuar a suportar coisas tão duras, Francisco agiu com mansidão maior, mandando que repousasse num colchão cheio de palha.

Não observava a meta ou rito do jejum que era imposta pela Ordem sagrada da devota Religião. Sua comida era pão, e sua bebida era água todo o ano. Em duas quaresmas, nas segundas, quartas e sextas-feiras, ficava sem comer nada, tomando vinho, às vezes, nos domingos.

Mas, certamente porque, depois de um longo tempo levando essa vida (ou antes, essa morte), começou a definhar, o homem santo e o bispo mandaram que acabasse com essa regra perniciosa de jejum nos três dias e que não passasse nenhum dia em que não mantivesse o corpo atenuado com um pouquinho de pão.

Isto é para que vejas aqui de que modo a virgem despiu o peso da carne e obrigou a calarem-se os monstros que respiravam. Como a nossa carne busca sempre um jeito de escapar, uma lei justa requer que já não se observe esse jeito.

Porque a lei é bater o dolo com o dolo, empurrar a força com a força e fechar o caminho da fraude com a fraude. Nem o pesado jejum nem toda essa observância a deixavam triste. Mostrava sempre um semblante sereno, agradável, alegre. O amor do coração suavizava os flagelos da carne. Ardia pela doçura do Esposo.

Enquanto recordava, sofria e chorava pelos escárnios de Cristo, as cuspidas, chicotadas, ameaças, tapas, os cruéis tormentos, o Senhor dos céus estendido na cruz pelos servos, pregado com cravos, acabado numa morte lacrimosa. E, enquanto gemia pelos santos que padeceram em nome de Cristo, as pancadas dos algozes, as suspensões, as amarras, os chicotes, as lâminas ardentes, as espadas, os incêndios, as mortes, muitos que foram derrubados por causa de Cristo, por cujo amor Estêvão não teve medo das pedras, Lourenço riu-se do fogo, Vicente venceu a aspereza. Enquanto recordava as sevícias feitas a jovens meninas, em que não se conseguiu quebrar a infância constante de Inês, Luzia não pôde ser absolutamente demovida, foi suportando coisas graves com leveza, assumiu espontaneamente os jejuns da carne, os gestos piedosos abrandaram todos os seus trabalhos, os exemplos arrastaram, a companhia afagou, os sufrágios sem conta confortaram e os prêmios confirmaram.

XVI – *Uma digressão sobre a luta espiritual*

Que não te desagrade, ó leitor, esta digressão. Três são os inimigos do homem: o demônio, a carne, o mundo. O espírito agride, a glória do mundo agrada, a petulância da carne está sempre em movimento. Para superar o homem, o demônio solapa-o depressa, une-se à carne, agita nela as suas armas. Para que a carne, parte do homem, como um inimigo mais próximo, levante-se contra ele, lute para subverter a parte mais nobre; para que o homem, assim dividido ao meio, vendo a guerra dentro dele, lutando num corpo de morte, sucumba na batalha, deixando que vença o inimigo caseiro.

Assim, o homem interior sua para vencer a carne; para que, vencendo, a castigue. Luta nela, reprimindo o seu fogo e expulsando a cega libido; para que a carne se submeta, e o espírito domine. E assim, acabada a guerra, sobrevindo a desejada paz, levante-se mais fortemente no mundo, derrube mais rapidamente o tirano do mundo, ficando como que livre e desobrigado.

Se queres gozar a paz da carne, coloca-a sob a lei da modéstia, tira-lhe o supérfluo. Não penses em amolecer, para que ela não se rebele. Se a poupas, perdes-te; é ferindo que a poupas. E então? Que o espírito seja duro com ela, não a poupe. Se não for refreada, ela enlouquece; se for batida, serve.

O prazer é inimigo de si mesmo. A licenciosidade é um dano. Queres salvar-te? Tens que ceder. Se tens amor, que sejas molesto. Se ela andar errante, fá-la parar; se for lenta, espicaça-a; se se enfurecer, amarra-a.

As pestes do corpo curam-se afligindo a carne: muitas vezes, o mal se torna a cura do mal, cuida-se da doença cortando, é uma bebida amarga que alivia as vísceras.

Quando os movimentos da carne pecadora forem extintos ou devidamente extenuados, que a mente volte para as coisas interiores, torne-se circunspecta, livre-se de todos os cuidados. Perlustre a intimidade. E se houver alguma coisa que, no discurso das coisas exteriores, move ou promove o que é torpe, leve-a ao tribunal do coração, discuta, acuse, condene, e que a limpe com gemidos e lágrimas, orando e suspirando. Pois as lágrimas, os gemidos, a oração fervorosa lavam o coração por dentro, espantam todos os fantasmas, afastam as nuvens da mente e tornam o rosto sereno.

Por isso, permanecendo em vigília diante das pestes mortíferas e dos monstros torpes, tendo aprendido do céu a arte de lutar, Clara preparou o seu templo: perfumou a mesa de incenso, contemplando e orando. Sufocou aí os primeiros movimentos e as fracas labaredas do coração, extinguindo-os com o rio de lágrimas. Purificando a mente, fixou os olhos naquele supremo e sumo Bem cuja especulação põe a mente em suspenso, aliena e renova; para que assim, quebrados os sentidos, a mente afiada enxergue as coisas celestes no

Verbo, em quem a mente se torna consciente de si mesma, enxerga-se, dá-se conta de todas as suas manchas. Enxerga nesse espelho que foi criada sem sujeiras e que é mãe de si mesma e autora de sua culpa. Que o vício lhe pertence, que dela nasce a má vontade e que o mérito não a salva, mas precisa da graça para prevenir, consumar e coroar a pessoa. A ela cabem os defeitos, *a suficiência só* pode ser atribuída a *Deus* (cf. 2Cor 3,5).

Enquanto a mente considera essas coisas, não se incha pelo mérito, não se ensoberbece pela virtude. Quando dispõe as coisas dessa forma, irrompe para fora.

"A sanguessuga não iria deixar a pele, a não ser cheia de sangue." Enfurece-se indignada, trucida os feios animais, queima as coisas enganosas, esmaga as tentações molestas. Assim, enquanto se macerava, enquanto matava o que era sórdido na carne, voltando para seus membros o chicote salvador, as coisas próprias da natureza cediam, e as infusas triunfavam.

Diz-me, pergunto, será que Clara fazia isso de propósito? Prefiro dizer que quem agia era aquele espírito cuja verdade imensa, cujo poder sumo derrete as coisas duras, quando quer, e endurece as moles.

XVII – A prática da sagrada oração

Inspirada pelos bens eternos, afastada dos perecedouros, vigiava nos louvores, cantava hinos, rezava cada vez melhor. Sacudindo o pó da sujeira de dentro da mente, fixava a atenção da alma naquela *luz que ilumina os homens* (cf. Jo 1,4), pela qual subsistem todas as coisas criadas, que nela também *vivem e se movem* (cf. At 17,28).

Derramava-se em lágrimas quando orava, e animava suas irmãs a chorar: eram movidas pelo pranto da madre. Tornava assíduos seus votos a Deus, aplicava a noite ao dia e, nos longos espaços do completório da noite, orava atentamente, enquanto suas irmãs rezavam. Mas, quando a longa oração pesava sobre as Irmãs já cansadas, e elas iam dar descanso a seus próprios membros, ela continuava a buscar seu esposo com mais ansiedade, latejava de afeto, obrigava-se a chorar e, muitas vezes, buscava furtivamente seus gostos mais do que doces, prostrando-se sobre o rosto, molhando o chão com o rio de lágrimas. Abrandava os lábios, parecendo que já tocava Cristo com as próprias mãos devotas.

Diz, eu te peço, ó esposa dulcíssima devotada a Deus, o que é que essas lágrimas desejam? Têm sede do quê? Oram por quê? Será que temes um naufrágio? Ou tens algum remorso por algum quê de delito, tu que, digna do Esposo, mereces gozar de suas delícias e bens maiores? Ou talvez te movam as palavras sagradas de São Paulo que, depois de piedosos e esplêndidos esforços de justiça, após muitos proveitos da alma, disse: "De nada me acusa a consciência", mas nem por isso se considerava justificado? (cf. 1Cor 4,4).

Ou não é porque te alegras de destruir com as lágrimas as penas expiatórias, mas sim porque com essa rega tens a alegria de merecer coisas maiores?

Ou é porque adquires mérito para as companheiras, derramando lágrimas? Não sei o que é. Deixo os segredos para ti, ó Clara!

Mas não ignoro, lembra-te, já li muitas vezes que os insignes derramaram lágrimas pelos méritos, não porque tivessem medo do suplício. Antes, porque os prêmios demoravam.

Adiantava-se de noite às companheiras, despertando-as com sinais silenciosamente para os louvores. Levantava-se enquanto elas ainda estavam deitadas, acendia as velas, muitíssimas vezes tocava o sinal. Não dava lugar para a preguiça, espantava toda tibieza, e as discípulas, sob o estímulo da mestra, não eram frouxas.

XVIII – O diabo apareceu quando ela estava rezando

O antigo inimigo odiava seus progressos. Tornou-se visível na forma de um menino negro: querendo derrubá-la, disse que não devia chorar. E ainda disse que as lágrimas iam prejudicar sua vista. Respondendo, a virgem disse ao tentador: "Nunca vai ser cego quem for capaz de ver o Senhor".

Ele saiu confundido, mas voltou na mesma noite, depois das Matinas e, tentador, repetiu a mesma coisa, aconselhando-a a parar de chorar para que o cérebro, derretido, não escorresse pelo nariz, ameaçando-a de ficar com o nariz torto.

Clara deu uma resposta imediata: "Nenhum entortamento pode prejudicar um servo de Deus". Assim foi embora o demônio, excluído e, vencido, não atormentou mais, pois a virgem o expulsou, vencendo duas vezes.

XIX – Como saía inflamada da oração

As doçuras da fonte perene, que saboreava ao orar, e as brasas que retirava da bem-aventurada fornalha, ou as pinturas que trazia do leito do Esposo, ela passava para as companheiras. Dava-lhes o néctar das palavras. Inflamada, tinha a alegria de inflamar as irmãs com o fogo do que tinha a dizer.

Admiravam-se com o rosto iluminado dessa virgem e com as palavras ardentes que comunicava. Sua face ficava mais clara, quando se afastava da fornalha de seu esforço fervoroso: vibrava de raios supernos.

Repara no que merece a oração pura do justo, ou no que a santa meditação produz em quem ora. Como outrora Moisés, subindo à montanha, ficou com o rosto radiante por ver a face do Senhor, assim ela, pelo pouquinho do doce encontro com o Esposo, quando contemplava as coisas celestes no ápice da mente, mais do que enriquecia os sentidos da alma e embelezava o rosto.

XX – Em virtude de sua oração, afugentou os sarracenos

Quantos males teve que suportar o pobre Vale de Espoleto! Quantas coisas lastimáveis causou-lhe a ira do Imperador Frederico, e que cruéis danos! O conflito da guerra, o maior de todos os danos, destruição de lugares e morte de pessoas ressoaram por todo o mundo.

Nessa calamidade, a raiva inimiga invadiu as fronteiras de Assis, o exército imperial fechou os cidadãos em um pesado cerco, colocando em cima deles os pelotões de cavalaria e um numeroso exército de sarracenos, armados de setas cruéis.

Enquanto o inimigo, já junto às portas, aterrorizava os cidadãos, ousou o nefasto e mais infiel dos povos, gente celerada, raça infiel, adversários de Cristo, desejando a desgraça dos habitantes cristãos, com sede de seu próprio sangue. Saltaram enfurecidos por cima dos claustros da Igreja de São Damião. Com esse seu salto, o furor nefando aterrorizou as servas de Cristo, provou-as com seu fragor imenso, enlouqueceu-as. Seu aspecto as assustou como se estivessem vendo monstros infernais. O pavor súbito empalideceu os rostos, enfraqueceu o espírito e pôs a tremer os membros das mulheres.

Como que apelando para suas armas, com lágrimas e gemidos, tão assustadas, tão desfalecidas e tão trêmulas, as Irmãs levaram à sua madre os gemidos e prantos.

A madre ficou compadecida e, embora fisicamente doente, de coração intrépido mandou que a levassem para a porta, pôs-se diante dos inimigos e deu ordem para que fosse levado à frente, fechado num recipiente de prata, o corpo do Santo dos Santos.

Sozinha, a virgem implorou a ajuda de Deus, prostrou-se totalmente, orou, chorou, e disse: "Ó Cristo, será que te apraz entregar assim nas mãos dos pagãos estas tuas servas que criei para ti com tanto amor? Guarda-as, Senhor, eu te suplico. Que tua graça salve as filhas que, nesta situação, eu não posso salvar".

Logo se fez ouvir uma voz, como de menino, dizendo nos seus ouvidos: "Eu sempre vos salvarei!" Ela respondeu logo: "Senhor clemente, eu peço, protege esta terra, que é muito devota e nos alimenta por teu amor!" Ele disse: "Esta terra vai sofrer muitos danos, mas minha força vai defendê-la".

Então, a virgem voltou seu rosto em prantos e falou com as irmãs que choravam, confortando-as e garantindo que seriam salvas. Imediatamente, aquele bando de cães virou para trás, fugiu perturbado, obrigado pela oração de Clara. Assim, orando, a virgem reclusa excluiu os inimigos. Então ela determinou às que tinham ouvido aquela voz que ficassem caladas e não o contassem a ninguém enquanto ela estivesse viva.

XXI – Milagre da libertação da cidade cercada

Um cidadão de Aversa, chamado Vital, pródigo de vida e querendo ser famoso, comandante, então, das tropas imperiais, com ânimo beligerante ocupou os arredores de Assis, despiu os campos de suas árvores e devastou, ao mesmo tempo, tudo que estava por perto. Afirmava, ameaçando, que não iria absolutamente embora, enquanto não subjugasse aquela terra, obrigando-a a obedecer ao governo do imperador.

Já os apertara de tal forma que viam os perigos como iminentes em cima deles. Quando a virgem soube disso, chorou movida pela dor, chamou as companheiras e lhes disse:

"Esta terra tem devoção por nós, serve-nos com muitos bens. Será uma desumanidade, se não a socorrermos a tempo. Se é coisa boa lutar pela pátria e defender o solo natal com a espada, acho que é mais honesto lutar com orações".

Mandou trazer cinza e que cada irmã descobrisse a própria cabeça. Ela mesma colocou cinza na sua cabeça e na de todas as irmãs. Depois disse: "Ide a nosso Senhor. Invocai a sua piedade e implorai com preces piedosas a salvação do povo e da terra".

Elas acorreram para as armas costumeiras das preces. E então? O Senhor, movido pelas preces e obrigado pelas lágrimas, desagregou o exército inimigo e devolveu aos cidadãos o sossego. Depois disso, o inimigo deixou de atormentá-los. Passado pouco tempo, aquele capitão sofreu seu destino, morrendo na guerra.

XXII – A força da oração contra os demônios

Não é de admirar se, podendo grandes coisas, a virgem fosse valorosa também nas pequenas, ou se vencesse armada de lágrimas os exércitos terrenos, se orando conseguia refrear as ousadias humanas, pois a sua oração santa repelia os inimigos aéreos, que não se deixam dobrar pela clemência, não há temor que os repila nem vergonha que os refreie.

Isso foi testemunhado pela experiência de uma mulher que foi alegremente ao lugar venerável onde moravam as senhoras para agradecer devotamente a Deus e a Clara. Contou que tinha sido atormentada pelas fúrias de cinco demônios e que se libertara de sua peste pelos bem-aventurados méritos de Clara. Contou que os próprios monstros confessaram que se queimavam pelas preces da virgem e por ela foram expulsos de onde tinham tomado posse.

XXIII – O Papa Gregório pediu muitas vezes a sua oração

Gregório, o sumo pontífice, orava sabendo apoiar-se nos méritos de Clara e conseguir o amparo de suas preces. Sabia que as preces dela tinham entrada nas alturas dos céus. E que, sendo humilde na terra, ela gozava da força dos supernos. Sabia que a virgindade enche o paraíso de amenidades, brilha com esplendor angélico, compraz-se com os de lá de cima como se fosse habitante do céu, e que o amor virginal aspira a tomar parte nas felizes comitivas celestes.

Clara, cultivadora da pureza, deleitava os cidadãos celestes com seu candor bem-aventurado e merecia os gozos celestiais, porque cultivava na mente os costumes do céu. Rica de méritos, duas coroas a destacavam, pois a mortificação da carne a equiparava aos mártires, e as insígnias da virgindade a tornaram digna de tomar parte nos coros das virgens.

XXIV – Admirável devoção ao sacramento do altar

Conhece-se a mente pelo fruto de sua obra, e os fatos de fora são exemplos do que se quer lá dentro. Sim, a obra das mãos e o trabalho dos dedos demonstravam qual era o esforço da mente desta virgem, qual a sua devoção na mesa de Cristo em que, por obra do ministro, se apresentam as santas libações ao eterno penhor.

Quando Clara estava de cama, e muito doente, erguendo-se em panos apoiados por baixo, ficava sentada e fiava tecidos que, divididos em pedaços e guardados em bolsas de seda ou de púrpura, eram distribuídos prontos, com amor, pelas igrejas de Cristo para decoro do altar e do sacramento.

Depois, quando ia receber o corpo e o sangue do Senhor, lavava-se em calorosas lágrimas, tinha tanto respeito e veneração por Cristo na espécie do pão quanto o venerava a reger o céu e a terra.

XXV – Uma milagrosa consolação que Cristo lhe deu na doença

Aquele que, no céu, calcula o que o homem merece satisfez o esforço da virgem e atendeu seu desejo. Como estava sempre recordando Cristo e não se deixava abater pelo sofrimento, mas antes, sofrendo, fervia no amor de Cristo, então Cristo a consolava, a aliviava e a visitava quando estava doente, e a agradava com um piedoso consolo da mente.

Aconteceu de chegar a noite do Natal do Menino Jesus, que acabou com as névoas mundanas da noite. Essa noite não tem escuridão: brilha ela mesma renovada pela luz do sol perpétuo que está nascendo no mundo. Esta noite (ou melhor, este *dia*), é aquela em que, como testemunhou o profeta, *as colinas derramam mel*, e *pelos montes escorrem* doçuras (cf. Jl 3,18). Nela, nascendo um menino, o polo oferece à terra novos dons, e a substância do céu cobre o mundo como uma nuvem. Os habitantes das alturas rejubilam-se nessa noite feliz, e um grupo de anjos anuncia ao mundo novas alegrias.

Nessa noite, as Irmãs levantaram-se para as Matinas, para se rejubilarem com Cristo, deixando a madre, que estava doente. Ela, recordando o menino nascido e sofrendo muito, porque estava mal e não podia tomar parte nos louvores, reclamou com Cristo e, com voz suplicante do coração, falou, como uma esposa ao Esposo, suspirando e dizendo: "Estás vendo, Senhor, que me deixaram sozinha?"

Não demorou. O canto admirável do bem-aventurado Francisco soou nos ouvidos da virgem: ouviu os frades cantando salmos. O lugar não era perto. A não ser que, por permissão divina, os órgãos tivessem sido estendidos, ou por dom da virtude suma fosse aumentado o sentido do ouvido corporal, jamais do jeito humano a audição da virgem poderia ter captado essas coisas.

E eu nem acho isso admirável demais. Acho que foi só por bondade que só ela mereceu ver essa doce consolação do presépio de Cristo.

Depois, quando chegou a manhã, disse às companheiras: "Bendito seja Deus! Ele não me deixou sozinha. Por sua graça, fez que meu ouvido percebesse toda a solenidade que o coro cantou na Igreja de São Francisco".

XXVI – O fervorosíssimo amor à cruz

A amarga compaixão da cruz de Cristo compungia a mente da virgem. As feridas sagradas traziam-lhe lágrimas aos olhos. A própria cruz causava diversos movimentos da alma: deste lado brotavam lágrimas, daquele nasciam consolações. Chorando, a virgem compadecia-se daquele que tinha sofrido. Quando lembrava a salvação que houve na cruz, surgiam aplausos e gozos.

Era isso que temperava o pranto: que a restauração do mundo dependeu da cruz, que uma doce lágrima enxugava os prantos amargos, a pena destruiu o reato, a chaga lavou o mal, a ferida acabou com o ferimento.

Por isso, as lágrimas tornavam-se mais doces, a compaixão aliviava a mente, a cruz tornava-se leve e a paixão era grata.

Aquele a quem se prendera por um forte amor e a quem estava unida no fundo do coração não o cortou do ânimo, antes o guardava como o tesouro principal na arca da mente, recordando-o quase sempre, voltando a Ele com frequência.

Por isso, exortava as senhoras a chorar Cristo e o ensinava com o seu exemplo. Muitas vezes, quando fazia essa exortação, a abundância de lágrimas vinha antes de acabar de falar. E como destacava o tempo e a hora da crucifixão de Cristo, uma compunção maior atormentava a sua mente ao meio-dia e às 3 da tarde: ficava presa aos cravos da dor.

Uma vez, rezando às 3 da tarde, o espírito mau deu um tapa no rosto da virgem, deixando-a com a face lívida e o rosto ensanguentado.

Ela aprendeu o Ofício da Cruz, como o ensinara Francisco, que o amava, e o rezava de modo semelhante. Ruminava aquelas palavras das orações que lembravam as cinco chagas. Para ela era um júbilo, era um cântico suave.

XXVII – Uma recordação da paixão do Senhor

Aconteceu, e é bom contar, que certa vez chegou a comemoração sagrada da ceia do Senhor. Aproximava-se a noite em que aquele traidor não temeu vender o mestre, o corruptor da paz induziu o discípulo da paz a trair dando um sinal de paz. E de estragar o dia com as trevas, de perder a luz na escuridão, de vender a vida por um contrato mortal.

Já apertava o pavor da morte, e aquele *suor de sangue da agonia*, em que o Filho, experimentando a condição humana, orava ao Pai que o poupasse de provar o cálice (cf. Lc 22,42-44). A virgem buscou o segredo da cela e se fechou. Orando, acompanhava o orante; e, triste, acompanhava o triste. A prisão cruel, o torpe engano, as coisas amargas que aquele piedoso e mansíssimo cordeiro teve que assumir vieram à mente da virgem e lá se agarraram com força. Enquanto recordava cada coisa, enquanto a isso se obrigava a mente, a virgem ficou arrebatada de si durante toda a noite e o dia seguinte, com os olhos voltados só para isso. Os afetos da mente estavam vigilantes e faziam calar-se as atividades do corpo. A mente continuava nesse ócio santo, enquanto ela ficava assim fixa, permanecendo imóvel.

A serva voltou diversas vezes para ver a madre e percebeu que ela nem se movera. O rosto não se voltava para outras coisas. Como tinha passado a sexta-feira e chegava a noite que precede o sábado santo, a filha devota voltou à madre, acendeu a luz e lembrou, por sinais, aquilo que o santo homem tinha estabelecido para ela: que a virgem não passasse nenhum dia sem comer.

A madre acordou, como se viesse de longe, e disse: "Não precisas de vela, não é dia ainda?" A serva respondeu à senhora: "Já passou aquela noite, e o dia seguinte também foi. Chegou outra noite".

Então, disse a madre a si mesma: "Bendito seja este sono, que eu tanto desejei. Finalmente, recebi o que queria".

Mas, para que daí não adviesse alguma grandeza, ou ficasse inchada pelo louvor humano, a madre proibiu e disse à moça: "Toma o cuidado de não contar isso para ninguém, enquanto eu viver neste corpo".

A ti, que lês isto, peço que percebas como foi grande a perfeição desta virgem, como foi puro seu espírito, livre e despido dos movimentos e dos pesos da carne! Ficou com a mente fixa em Cristo e o corpo a dormir. Não foi um sono da carne: a natureza não dá esse sono. Foi a própria mente que lhe deu o plácido repouso.

Mas a parede se rompera. E assim, cansada toda grosseria da carne, sepultada toda lascívia, quebrado o movimento, tão mortificado o desejo, domado assim o impulso, sem obstáculos para impedir o caminhar da alma, os votos não ficam retardados pela resistência nem se reprime o afeto ou se repugna aos esforços.

Que sono plácido! Que grata contemplação! Que sabor mais doce! Que agradável refeição da mente! Que feliz bebida, capaz de inebriar a virgem no corpo, deixando-a sóbria na mente! Assim, alheia ao mundo, conhecendo o que é do céu, próxima ao Esposo!

O Apóstolo queria ser *dissolvido* no corpo para assim se unir a *Cristo* (cf. Fl 1,23). Aqui houve mais, porque, mantendo a carne, esta virgem tornou-se, ainda que por um tempo, familiar de Cristo.

O coração vigia, o coração busca as coisas mais elevadas; a carne acalma o que não é bom. O corpo obedece; alegra-se por seguir as leis do ânimo, trata de obedecer. Trabalha para servir.

É o ânimo que dirige. A carne é dirigida, serve, obedece. Aí não há conflito, nem lide, nem luta dos dois. Há um só querer, o mesmo desejo, a mesma vontade. Aquela que, quando estava desenfreada, era molesta, doutrinada submeteu-se, tratável e pudica.

Este manda; aquela faz. Este decide; ela se move. Para-a quando quer; decide antes. O espírito está como o cocheiro e vai para onde é mandado. Ela suporta de boa vontade o que sofre contra sua vontade. Tornam-se leves as coisas que eram ásperas. Assim dá para carregar o que antes era pesado. Assim, até o amargo fica doce.

XXVIII – Milagres que fez com o sinal da cruz

A pena do escritor descreveu os amargos prantos da virgem e os frequentes rios de lágrimas com que lavou em regatos os vestígios divinos da cruz. Agora, com texto suave, descreve os agradáveis frutos dessa árvore e seus doces pomos, que enxugam as lágrimas e consolam o coração de quem ama. Destacam-se os bálsamos, e os aromas também predominam.

Pois a cruz, banhada em lágrimas, refluiu nas mãos da virgem. A madre operou maravilhas, curou doentes, pela virtude da cruz, e a todos os enfermos atendeu com o mesmo remédio.

Entretanto, como seria longo descrever toda a trama dos sinais e colocar em verso as circunstâncias de lugar e tempo, que o seio da história conta com muitas palavras, baste contar as doenças e as curas que ela fez, nas quais a própria cruz refulge com preclaro poder e reluz o mérito daquela que a servia.

Como conta a história, estava arrebatado pela fúria um frade chamado Estêvão, e Francisco enviou o doente a ela, mandando que lhe desse remédio. Ela obedeceu à ordem do pai: marcou o enfermo com o sinal, no lugar onde muitas vezes costumava rezar, e o fez dormir um pouco. Depois do sono, liberou-o. Ele acordou, levantou-se e foi embora são e salvo.

Um menino de 3 anos, chamado Mateusinho, enfiou uma pedrinha no nariz. Mão alguma conseguia devolver-lhe a saúde. Correu a Clara; ela o marcou com o sinal da cruz, e ele expeliu a pedra.

Um perusino tinha um olho atacado por manchas. Foi a Clara para ser curado. Ela fez-lhe o sinal e o enviou à sua mãe, para que fizesse outro sinal da cruz. Esta tinha seguido o caminho venerando da filha, quando ficou livre da lei do matrimônio, e se encerrara no jardim fechado com as virgens, sob a veste religiosa. A mãe obedeceu à filha e marcou o olho lesado com o bem-aventurado sinal. Imediatamente a nuvem foi afastada, e o olho ficou límpido. Clara afirmava que tinha sido pelo mérito de sua mãe, mas a mãe dizia que era indigna dessa cura e louvava o mérito da bem-aventurada filha, atribuindo-lhe o peso do louvor.

Por quase 12 anos, uma das companheiras foi atribulada em um braço por uma doença chamada fístula. A chaga soltava pus por cinco orifícios. Com pena dela, a virgem curou a chaga da companheira com o sumo remédio da cruz e devolveu-lhe a saúde.

Uma entre elas, chamada Amata, sofrera por 13 meses de hidropisia, febre, tosse e dor do lado. Muito oprimida por tantos males, jazia exausta. Compadecida, a madre recorreu à sua arte, fez um sinal da salvação na paciente e, afastando todos os males, libertou a doente de seus sofrimentos.

Uma irmã perdera a voz, já fazia 2 anos, e a situação era tão grave que mal se ouvia o som de sua voz enfraquecida. Foi-lhe demonstrado em visão, naquela noite feliz em que se festeja a célebre Assunção da Virgem Maria, que sua voz seria restituída por Dona Clara.

Quando viu isso, teve a paciência de esperar que o dia amanhecesse, cheia de desejo. Quando amanheceu, foi buscar a ajuda da madre bondosa e pediu que lhe fizesse o sinal. Ela fez. Assim que foi assinalada, ela recebeu a voz.

Uma das companheiras, que recebera o nome de Cristo[3], perdera o uso do ouvido já fazia bastante tempo. Procurou usar muitos remédios contra esse mal, mas em vão. A virgem fez o sinal da salvação em sua cabeça e devolveu-lhe a audição.

Grande parte das Irmãs estava gravemente doente. A virgem entrou para dar-lhes o remédio costumeiro. Fez o nobre sinal sobre cinco doentes e, ao fazê-lo, curou na mesma hora as cinco irmãs.

Por essas coisas se vê como a cruz estava enraizada no peito dessa virgem: enchia o interior do coração de frutos e das folhas espalhava remédios para fora. A virgem colocou para si mesma o resumo de toda fé e esperança só na virtude da cruz, cujos méritos estão anotados na Sagrada Página e são figurados pelos perfumes fechados.

O que, se não um símbolo da cruz, foi aquela *vara* de Moisés que *dividiu o mar* (cf. Ex 14,16), fez correr o líquido da montanha e tornou doce a água? Esses fatos mostram a grandeza da cruz.

Por que falo dessas coisas peregrinas e por que mendigo fatos remotos? Por que me demoro em coisas pequenas e insisto em particularidades? Acaso não achas que é admirável que algumas pessoas tenham recebido a saúde com o magnífico sinal da cruz?

Acaso não achas grande coisa que ela tenha curado algumas doenças particulares, quando poderia ter curado a praga de todo o mundo doente? A cruz, toda impregnada pelo sangue purpúreo de Cristo, e com seus membros como que ornados de gemas preciosas, destruiu a morte, quebrou as cadeias do inferno, restituiu a vida, abriu para as delícias do céu.

O que é que resplandece na cruz que não seja melífluo, agradável, saudável, salvador ou mansamente piedoso e bom? Esta cruz acaba com todos os males e termina com todas as pestes do corpo. Elimina todas as sujeiras e manchas da alma, afugenta tudo que

---

[3] O nome da irmã era Cristiana.

é maligno, resolve os litígios, refaz a divisão entre o céu e a terra, acalma o ódio e reforma a paz.

Mas percebe um pouco aqui, que a cruz, embora tudo possa, se adapta aos esforços e méritos humanos e neles se forma na medida da fé. O maná não tinha o mesmo sabor para todos; a cruz dá frutos diferentes em cultos diferentes. Se os corações forem tíbios, a própria cruz fica morna. Aquece-se com os calorosos, ferve com os fervorosos. Em si mesma abundante, torna-se avara com os primeiros, parca com os do meio, e com os últimos expande grandes coisas. Ela é a mesma fazendo coisas diferentes: varia naqueles em que parece variar o próprio culto da cruz.

Por aí se vê, em Clara, que, na medida em que nela ardia o amor da cruz, a cruz prestava grandes serviços através dela.

XXIX – A formação contínua das Irmãs, por si e através de pregadores

Clara, doutrinadora das filhas e mestra das rudes, dedicou-se com o maior esforço a guardar o rebanho que lhe fora confiado, repartindo para ele o pão da vida, dando-lhe nutrição para se salvar. Como uma mãe, formava os costumes das discípulas, admoestava com suavidade e animava com bondoso afeto.

Considerando que não combinam nem moram no mesmo lugar a majestade da alma e o feio amor da carne, que não há pacto entre a luz e as trevas (cf. 2Cor 6,14), que o honesto não combina com o torpe, ensinava as irmãs a expulsarem de dentro da mente o fragor da carne e a se esforçarem por dedicar-se a Deus, esquecendo-se, no recesso da mente, de sua pátria; pondo para fora os próximos pela carne, restringindo os miseráveis afetos da carne e todos os seus enganos, tendo a razão como mestra.

Por isso, a madre ensinava e demonstrava que o inimigo insidioso esconde muitas armadilhas, para enganar as almas puras. E que, esperto, tenta os mundanos de um jeito e os santos de outro. E que o inimigo tenta por diversos caminhos abertos: às vezes luta com os vícios, às vezes engana vestido de virtude, constrói o falso como se fosse verdadeiro, esconde o que é torpe e obsceno sob a aparência de honesto.

E porque a mente sofre de muitas formas no sossego, o ânimo se entorpece na oração, torna-se preguiçoso na meditação, a mente, agitada por diversas preocupações, nelas se alimenta, é bom que se submetam as diversas coisas à mente uma por uma. Numa hora, que insista nas obras exteriores; em outra, que a mente se arrebate buscando descanso. Pare o trabalho de vez em quando e vá para o alto, ficando só nas coisas profundas de Deus.

Quando a alma repete isso, quando se deixa cozinhar lá dentro, desejando expulsar a desídia, o torpor da mente e todo vício da acídia, a destreza da madre distingue os tempos, move as Irmãs para coisas diferentes: uma hora aconselha a rezar, entregando-se com a mente tranquila aos esforços supernos; outra hora, faz suar no trabalho; ora estimula ao trabalho exterior, ora chama para o trabalho da mente no interior, para evitar, assim, que se cansem.

Porque, quando o trabalho dá lugar ao estudo, e o estudo ao trabalho, a própria mão dá conta melhor do peso do trabalho; a própria mente busca com maior alegria o sumo descanso, saboreia o doce estudo, torna-se hábil na santa meditação.

Entretanto, não contente com suas próprias exortações, propiciava às filhas, por meio de homens santos e doutos, os alimentos da vida celeste que, com o néctar da palavra sagrada, saciavam as mentes das senhoras e lhes inflamavam os corações. Por essa doce bebida, tornava-se ela mesma tanto mais fecunda; quanto mais, sedenta, ela a sorvia, mais se embebia, ardendo no maior amor por aquele de quem se falava.

Assim o doce alimento, a sagrada bebida do elóquio célibe[4] a refaziam. Assim deleitavam-na os doces cânticos do Esposo. Assim se deliciavam os ouvidos da virgem, a tal ponto que, quando um dos frades, chamado Filipe, estava pregando, aos seus olhos apresentou-se como um menino belíssimo, e a alegrava aplaudindo.

---

[4] Nosso texto usa diversas vezes a palavra célibe. Corresponde a virginal ou a solteira, mas tem uso mais poético e elevado.

Como uma das companheiras percebesse isso no rosto da madre, rejubilava-se com a visão e o aplauso suave.

Embora desconhecesse as Escrituras, a virgem gostava de ouvir os doutos, pois aprendera a tirar o miolo das palavras sagradas, tomando da casca o fruto doce, e penetrando na medula.

Foi determinado que nenhum frade fosse aos lugares religiosos das senhoras, a não ser com licença especial do papa. Quando a virgem percebeu que, por causa dessa determinação, teriam mais raramente o alimento da Palavra, sofreu e, despedindo todos os frades que pediam o seu sustento, disse: "De agora em diante não queremos mais ter esmoleres da comida corporal, já que o papa, com sua proibição, tirou-nos os discípulos da palavra.

Quando soube disso, o papa logo retirou a proibição, deixando o assunto ao arbítrio e querer do ministro.

Mas não cuidava só das almas, pois atendia prestativa a suas filhas, e quando as encontrava dormindo regeladas, cobria-as no frio da noite. Se alguma não podia obedecer à lei comum e não pudesse submeter-se ao rigor imposto pela Ordem, agia com ela mais brandamente, com piedade materna.

Compadecia-se das tristes, sofrendo com elas e, chorando, curava as lágrimas das sofredoras. Se, para alguma, a tentação da mente invadisse o claustro, prostrava-se a seus pés, consolava-a com palavras amáveis, e assim *erguia as mentes caídas* (cf. Sl 144,14) e amparava as doentes.

Lembrava e punha em prática a palavra do Apóstolo, que a *piedade* vale para tudo (cf. 1Tm 4,8) quando ajuda os enfermos, quando carrega os pesos e quando tem misericórdia dos pobres, quando levanta os caídos e a todos assiste, fazendo-se tudo para todos.

Quando as discípulas lembravam os amáveis serviços da madre, retribuem com ânimos devotos e plácidos: veneram a doce mãe com a dedicação do amor, reverenciam a mestra da vida moral, admiram na esposa de Cristo os santos vestígios, os gestos bondosos, atos e sentidos perfeitos.

XXX – Suas doenças e sofrimento constante

Por 40 anos esta virgem correu *no estádio* da pobreza, buscando alcançar *o prêmio* (cf. 1Cor 9,24) da vida, por cuja esperança achava leves as coisas ásperas, tendo-se submetido espontaneamente a muitos sacrifícios, tendo macerado o corpo com várias mortificações para que seu terreno, rico pelo germe de muitos méritos, sempre cultivado com novas culturas e rasgado pelo duro arado, fosse mais gratificado por novas colheitas.

Cresceram os males da carne, o corpo foi ficando doente, já agravado pelo peso de um mal antigo. Acredita-se que tenha sido por graça de Deus que aquela, a quem o valor da luta tinha feito brilhar em obras, fosse até mais valorosa em méritos para tolerar, e o padecimento tornasse vencedora aquela a quem a ação valorosa concedera que fosse resplandecente nos troféus por ter esmagado os inimigos.

Guardou pela paciência as riquezas que lhe foram pedidas, defensora das virtudes, e alegrou-se por acrescentar novos resultados. Não teve menor paciência como enferma, guardando as outras virtudes como uma virtude tesoureira, que mereceu provavelmente tanto quanto qualquer outra.

Igualou o mérito da busca, reservando o que buscava: "Defender o que se conseguiu não é menor virtude do que buscar o saber". A paciência tornou-se defesa das virtudes, amiga da paz. E resplandeceu em seu ambiente, mais nobre do que todos nos costumes.

Entre as virtudes parece sobressair esta que, enquanto preserva e ajunta as riquezas das outras, busca para si mesma o prêmio do louvor supremo. É um nobre tipo de virtudes merecer padecendo, vencer enquanto se padece. Nada vale mais do que essa espécie de virtudes. No que padece torna-se mais agradável o mérito quanto mais doce for a paixão. Quanto mais o paciente sofre na carne, mais forte é seu ânimo. No sofrimento da carne, muitas vezes *aperfeiçoa--se a virtude* (cf. 2Cor 12,9). E assim o sofrimento torna-se delicioso, a doença doce, a paixão leve. Assim suporta com alegria todos os males, pois não se ouve nenhuma queixa ou murmuração. E assim recebe todos os sofrimentos não só com força, mas até com gratidão, como se fossem prazeres. E neles busca os seus maiores prêmios. Tanto mais elevado é o mérito quanto mais produtiva for sua doença. E, assim, maior é a glória.

Como já estivesse próxima da morte, pela força da doença, Cristo dispôs que seu passamento fosse adiado, para que o pontífice romano realizasse solenemente seu funeral e as exéquias tivessem as honras condignas.

Demorando-se, então, o sumo pontífice em Lião, como a madre estava enfraquecida por uma doença grave demais, e padecessem sofrimentos atrozes os corações das filhas, uma virgem monja de São Paulo mereceu ter uma visão que vamos contar.

Foi-lhe mostrado que estava em São Damião, e Clara jazia em um leito precioso. Estando as companheiras a chorar a morte próxima da madre, apareceu na cabeceira uma formosa mulher que se dirigiu às Irmãs, consolando seus prantos e lágrimas, e disse: "Não choreis a que vai vencer". Acrescentando que o Senhor estaria de volta com os discípulos antes que a virgem morresse.

Eis que, passado pouco tempo, a cúria inteira chegou a Perúgia. Quando soube que ela estava mal, foi logo visitá-la aquele bispo que recebe o nome da venerável sé de Óstia. Este, pai por ofício, mas diligente discípulo pelo cuidado, fora um seu amigo querido, pelo piedoso afeto. Alimentou-a com o pão da vida do corpo de Cristo e reanimou com palavras amáveis as outras filhas.

Chorando, a virgem recomendou-lhe insistentemente as suas companheiras e os outros grupos de Irmãs e pediu principalmente que lhes confirmasse o título da vida pobre com um documento da Sé Apostólica. Ele prometeu e cumpriu o desejo que Clara expressou.

Passado um ano, o papa veio a Assis para que nele se cumprissem as coisas que, em sua ausência, tinham sido previstas sobre o recesso de Clara. Como está para lá dos homens e para cá de Deus, com bastante propriedade é ele pelo alto cargo um representante do Senhor. E parece que os seus irmãos representam os discípulos, uma vez que a ele estão especialmente ligados como membros.

XXXI – O Papa Inocêncio a visitou, absolveu e abençoou quando estava doente

Apressou-se o Esposo sumo para cumprir seu propósito sobre a virgem, querendo levar para os receptáculos supernos o ouro tantas vezes purificado no fogo, querendo levar para seus melhores aposentos a esposa, para que ela, que padecera com Ele, com Ele também reinasse.

Suspensa nas suas delícias, a virgem suplicava que se rompessem as cadeias da carne, que pudesse voltar do cárcere da morte para a liberdade, ser feliz com o Cristo rico; ela que, quando era pobrezinha na terra, seguiu o esposo mendigo, acompanhou-o ferida quando o golpearam, sofreu junto quando Ele padeceu, foi humilde com o humilde, mansa com o bondoso, esperava reinar com Ele e tornar-se sua co-herdeira.

Esmagados os membros pela enfermidade, sobreveio-lhe a doença final que, pelo atalho da morte, enquanto acaba com o corpo, enquanto quebra as cadeias da carne, torna-se a meta do seu exílio e o recesso do mal, ingresso na vida, volta perene para a pátria.

O sumo pontífice tratou de ir depressa visitar Clara, que já estava chegando ao final. E o quanto ficou claro que em nosso tempo o povo feminino se destacou pelo mérito da vida, foi julgado digno da presença do papa, para que seu funeral fosse venerado com honra célebre.

Assim, vindo ao mosteiro e aproximando-se do leito da enferma, ofereceu-lhe a destra. Clara beijou-a e pediu o pé. O papa o facilitou, subindo em um banquinho. Dando-lhe beijos por cima e por baixo, a virgem inclinou-se reverentemente.

Tendo pedido que lhe perdoasse todos os pecados, ele respondeu: "Oxalá precisasse eu desse perdão!" Depois, o sumo pai a absolveu e abençoou.

Quando todos foram embora, como a virgem tinha recebido das mãos do ministro o sagrado alimento de Cristo, levantou os olhos para o céu e, de mãos postas para o Senhor, disse chorando a suas discípulas: "Filhinhas, louvai a Deus, cuja misericórdia se dignou conceder-me tais dons, que o céu e a terra não conseguiriam compensar: recebi o próprio Cristo e mereci ver o porteiro do céu, o maior ministro do Senhor".

XXXII – Sua passagem final e o que nela se viu e aconteceu

As discípulas cercavam o leito da madre moribunda. Os olhos derramavam lágrimas. Do fundo do coração vinham suspiros e a situação dolorosa doía nas entranhas. Aquela partida chorosa forçava as lágrimas: o pranto lhes tirava a própria fome e o sono; não descansavam à noite nem tinham nenhuma alegria à mesa de dia. Só queriam chorar; sua bebida eram as lágrimas, e a tristeza era a comida. Assim, a intensidade do luto atravessava as horas noturnas e passava o dia.

Entre as que choravam, sua irmã Inês pedia que Clara não fosse embora, deixando-a para trás. Ela assim a consolou: "Ó querida, a vontade de Cristo é que eu seja transferida daqui. Mas, para de chorar! Virás para o Senhor e me seguirás bem depressa". Disse-lhe que, por obra do Senhor, teria uma grande consolação antes da partida.

Para que crescesse a devoção do povo, parece que foi concedido à virgem estar muitos dias à beira da morte. Muitas pessoas acorreram, veneraram a santa, e ela foi honrada pelo sagrado senado da Santa Sé.

O que é admirável de ouvir: passou 17 dias sem nenhum alimento corporal, tão grande foi o vigor com que a alimentou a virtude divina, que a virgem admoestava com doçura todos os que vinham a ela para que servissem a Cristo.

Quando um certo frade, chamado Reinaldo, a aconselhou, esmagada que estava pelo longo martírio da carne e deprimida pelo grande peso dos males, a que suportasse com paciência aquelas asperezas, respondeu prontamente que, desde que se entregara ao Senhor pelos conselhos de Francisco, e Cristo *a revestiu do alto* (cf. Lc 24,49), nenhuma pena lhe tinha sido molesta, nenhuma doença grave, nenhum padecimento duro.

Quando o Esposo já estava mais perto e chamando a esposa, quis que lhe fosse recitada a lacrimosa paixão de Cristo por presbíteros e frades espirituais. Entre eles estava o divertido jogral de Cristo, Frei Junípero, que, cheio do néctar da palavra, costumava derramar quentes palavras do Senhor.

Como que cheia de uma nova doçura, a virgem perguntou se o irmão tinha algo novo de Cristo em suas mãos. Ele, soltando da fornalha do coração profundo centelhas de boas palavras, agradou os ouvidos da virgem e consolou-lhe o ânimo.

Finalmente, a madre voltou-se para as discípulas em prantos e recomendou-lhes a pobreza do Senhor: Louvando, comemorou os dons celestes, abençoou seus devotos e devotas e pediu a Deus que fossem abençoados pelo Senhor todos os religiosos pobres, presentes e futuros.

Quem vai contar o resto sem chorar? Ou quem vai conter as lágrimas que brotarem onde um caso tão lacrimoso não consegue derramar senão lágrimas, luto e pranto?

Estão presentes dois companheiros de Francisco. Um dos quais, chamado Ângelo, que, chorando junto, procura consolar os outros tristes; outro, chamado Leão, lamentando a partida de Clara, dá beijos lacrimosos no seu leito.

As filhinhas choravam a mãe e a partida da madre, quando viram que iam ficar sem a doce consolação: entregavam as suas lágrimas à que partia e choravam porque sua morte enterrava todas as consolações delas. Mal conseguia o pudor impedir que arrancassem os cabelos, que arranhassem o rosto. Por isso, os corações ardiam mais fortemente, pois a chama da dor não podia irromper para fora. "Quanto mais é coberto, o fogo esquenta tanto mais."

A censura do claustro obrigava as senhoras a se calarem, mas a dor sem medida fazia soltar graves soluços. Mas poderia aliviar a dor imensa o fato de que a moribunda não morria, mas a morta ia viver.

Acho que é uma coisa piedosa chorar por quem morre, como é piedoso alegrar-se com ele. Pois as duas coisas lhe são devidas: a morte traz as lágrimas; a continuação da vida traz o aplauso.

Voltando-se para si mesma, a Virgem Santíssima assim falou baixinho à sua alma: "Vai embora, retira-te segura, pois já tens uma feliz companhia: o teu próprio Criador, que te fez do nada, que te santificou, e que sempre gostou de te guardar como uma mãe guarda o seu filho".

Uma irmã perguntou com quem estava falando, e ela disse: "Falo com esta alma bendita".

A comitiva superna não estava longe dela. Voltando-se para uma das irmãs, a madre disse: "Vês o Rei do céu, que eu estou vendo?" Pousou sobre ela a mão do Excelso. Por isso, concebeu uma visão com os olhos do corpo, e quando olhou para a porta viu que entrava um grupo de virgens vestidas de branco, trazendo grinaldas de ouro na cabeça. Uma se destacava entre todas: andava no meio delas levando um diadema coruscante, que parecia ter a forma de um turíbulo com janelinhas, irradiando tamanho esplendor que tornou iluminada a própria noite dentro do claustro. Essa mais bonita se aproximou da cama onde jazia a esposa, inclinou-se sobre ela de maneira superamável e deu-lhe doces abraços.

Então as outras virgens trouxeram uma veste resplandecente com a qual cobriam o corpo de Clara. Servindo-a todas elas à porfia, prepararam-lhe o tálamo.

No dia seguinte, depois daquele em que o valoroso atleta de Cristo São Lourenço chegou ao fastígio do céu, a alma saiu e subiu ao lugar dos que estão no alto, para gozar com as virgens da glória perene.

Oh que morte feliz! Que passagem bem-aventurada! Que queda mais suave! Que agradável dissolução da carne! A morte tornou-se entrada da vida e porta do céu.

Para quase todos a morte é uma pena. Para os bons é o caminho da vida, o fim do exílio, a volta à pátria, pela qual a vida perene sucede à vida que passa. Para o lodo é o céu; para o mundo, um paraíso ameno; para a lama, uma gema brilhante; um dia perpétuo para a noite; luz para as trevas; liberdade para os presos; para os peregrinos, uma mansão célibe; glória para as lágrimas dos santos, recompensa do trabalho, prêmio para o corredor, láurea perene para quem compete.

XXXIII – Como em suas exéquias afluiu a Cúria Romana com uma multidão de pessoas

A notícia da morte da virgem comoveu imediatamente todos os cidadãos. Lá chegaram juntos os dois sexos e o ajuntamento foi tão grande que parecia que a cidade tinha ficado abandonada. O povo aclamava-a como bem-aventurada, venerava-a como santa, e misturava louvores com as lágrimas.

Apressou-se o *podestà*, cercado por pelotões militares de homens armados; ficaram atentos à tarde e usaram guardas durante toda a noite, cuidando de proteger tesouro tão precioso para que não pudesse acontecer nada de sinistro, pois foi tão grande a devoção de todos que os sagrados selos pontificais[5], que brilham nos dedos, foram colocados nas mãos preciosas da defunta para poderem adquirir algo de sua virtude: esperavam que a morta não fosse avara para com seus devotos, pois fizera chover grandes dons enquanto viva, e que vivesse no mundo pelo vigor dos sinais.

Para o funeral de Clara apressou-se na manhã seguinte o bispo da Sé romana, com a comitiva dos irmãos. Também os cidadãos acorreram.

Quando chegou a hora das exéquias e os frades começaram a cantar como de costume no triste funeral da madre, o papa disse que seria melhor cantar o ofício das virgens. Mas, então, aquele respeitável bispo, a quem Óstia deu um célebre pontificado, e o esplendor da vida e a ciência deram fama, respondeu que coisa tão importante precisava ser feita com mais maturidade, e continuou a missa fúnebre.

Depois, sentados o bem-aventurado papa com os companheiros, o referido bispo tomou o tema da vaidade do mundo que passa e, juntando a doçura da voz à doçura das palavras, lembrou em um sermão eloquente que Clara desprezou o mundo pelo recesso da mente.

Circundavam o funeral os cardeais, fazendo os sufrágios costumeiros por aquela que era mais do que célebre. Mas, como não acharam seguro ou digno que tão santo penhor, tão nobre, tão pre-

---

[5] Os bispos usavam, nos anéis, as insígnias com que carimbavam os documentos.

cioso, ficasse tão longe dos cidadãos, fizeram levar o precioso corpo de Clara, por entre hinos, louvores e o júbilo do povo, ao som de trombetas, para o edifício ao qual Jorge[6] dá o nome e o título.

Lá tinham sido enterrados anteriormente os membros sagrados de Francisco, de modo que ele, que para ela viva foi guia e caminho da vida, veio a ser seu pai quando defunta: preparou o lugar e o túmulo.

Juntou-se o povo, exaltou-a com numerosos louvores, clamou que, na verdade, a virgem bem-aventurada reinava nas alturas já unida aos cidadãos supernos, e que morava na sublimidade do ar aquela cujo corpo o povo tratava com tanta honra na terra.

Depois disso, passados poucos dias, Inês seguiu Clara: sua irmã foi levada para a ceia do Cordeiro[7]. Deus permitiu-lhes que as duas, irmãs por natureza, pelo mérito da vida e pelo Reino, festejassem juntas com Cristo, gozando do céu sem fim. E o que a irmã tinha prometido antes da partida aconteceu de fato. E assim, tendo seguido Clara no desprezo do mundo, ao morrer seguiu até Cristo aquela que era famosa pelos sinais e brilhante pela luz das virtudes, tornando-se concorde na vida e co-herdeira do Reino.

Ó Virgem, condutora célibe das moças, roga a Cristo por nós! Teu comportamento santo livrou muitos das culpas e os levou renovados à vida. A nós que nos alegramos porque conseguiste o Reino superno e cantamos com louvor teus magníficos valores, restitui-nos o céu, livra-nos das garras do mundo!

XXXIV – Começa o livrinho dos milagres que Deus demonstrou depois de sua morte

Descrevi até agora as ações santas da virgem, expus até agora as suas lutas preclaras. Quero contar agora os milagres ocultos, apresentar os sinais admiráveis, que perfumam o final de nosso livrinho.

A excelência do sol não precisa de que se acenda um facho. Assim, para as grandezas preclaras de Clara bastariam o esplendor de

---

[6] Francisco e Clara foram enterrados na Igreja de São Jorge que, mais tarde, ampliada, se transformou na Basílica de Santa Clara.

[7] O texto joga com as palavras Agnus (cordeiro) e Agnes (Inês).

sua obra e a luz brilhante pelo mérito de sua vida. Lemos que *João não fez nenhum milagre* (cf. Jo 10,41), mas ninguém foi mais santo do que ele. Mas, como a tibieza da fé e a devoção do povo exigem, e obriga-o a reverência por tão grande mãe, resumindo algumas coisas entre tantas, deixando fora muitas, vou contar de maneira fiel os milagres que foram juramentados e os que brilham com maior luz.

XXXV – Os que foram libertados do demônio

Um menino chamado Tiaguinho, da cidade de Perúgia, fora a tal ponto atacado por uma peste, tão agitado por fúrias, que achavam que estava não tanto doente quanto possuído pelo demônio. Uma hora se jogava desesperadamente no fogo, outra hora se debatia no chão, mordia pedrinhas na boca, quebrando os dentes no duro mármore.

Machucava com gravidade a própria cabeça e, ferindo-a, sujava o corpo de sangue. Tinha a boca torta, a língua para fora e os membros de tal forma ajuntados que muitas vezes parecia passar a perna ao redor do pescoço. Sofria um ataque desses duas vezes por dia. Dois homens não conseguiam impedi-lo de tirar a roupa. Ninguém conseguia ajudar, nem a arte da medicina lhe dava saúde.

Seu pai, chamado Guidaloto, como nunca conseguia remédio para suas fúrias, recorreu à ajuda de Clara. Suplicou-lhe por seu filho, pediu socorro, a ela dedicou-o.

Foi depressa ao seu túmulo e depôs lá o filho, que, na mesma hora, percebeu a presença da cura. Foi embora livre e nunca mais sofreu esse problema.

XXXVI – Sobre o mesmo tema

Uma mulher chamada Alexandrina era tão atormentada pelo impulso do demônio que este a fazia andar por cima de uma rocha junto à água do rio, frequentemente, como um passarinho que estivesse voando. Também a fazia descer por um galho fino inclinado sobre o Rio Tibre e fazia a coitada ficar perdida por ali como se estivesse brincando.

Por suas culpas, tinha perdido o uso do lado esquerdo e ficara com uma das mãos encolhida. Muitos remédios nada tinham adiantado para sua saúde.

A atormentada pelo mal foi depressa ao sagrado túmulo de Clara, derramou-se em preces, de coração contrito. A virgem piedosa logo se inclinou para os pedidos da orante e, como ótima médica, curou-a das três doenças. A mão encolhida ficou boa, a doente conseguiu a saúde do lado, e o inimigo iníquo foi expulso.

Uma outra que sofria muitas dores por causa do demônio, foi ao túmulo da virgem e, por comiseração de Clara, recebeu na mesma hora o remédio que desejava.

XXXVII – O furioso curado

O horror da fúria apoderara-se de tal forma de um rapaz francês que o privara do uso da língua. O furor agitava horrorosamente o seu corpo. Lutando com fúria, ninguém podia segurá-lo para que não se batesse e não se machucasse. Amarrado numa cama de defuntos, foi levado contra sua vontade ao lugar da virgem. Colocado por seus compatriotas diante de seu mirífico sepulcro, o mísero conseguiu a saúde pelas preces deles.

XXXVIII – Um libertado da epilepsia

Valentim de Spello estava deprimido pelo peso da epilepsia e, atacado por ela, caía seis vezes por dia, em toda parte: uma contração da perna impedia-o de andar. Foi levado ao túmulo de Clara carregado num burrico. Tendo o doente jazido aí dois dias, e já estando a amanhecer o terceiro dia, sem que ninguém o tocasse, ouviu-se o barulho grande da perna se quebrando. Imediatamente, ficou livre das duas doenças.

XXXIX – O cego iluminado

Um menino de 12 anos, chamado Jacobelo, perdera a visão. Não conseguia ir a lugar nenhum sem a ajuda de um guia, porque caía e se perdia. Uma vez, abandonado pelo ajudante e caminhando incautamente sem orientação, caiu e, como o tombo foi grande, o coitado quebrou a cabeça e o braço.

Estava dormindo, de noite, perto da ponte de Narni, quando lhe apareceu a figura de uma senhora, chamando-o em sonhos: "Jacobelo, por que não vens a mim em Assis? Vais gozar de uma luz amiga".

Acordou de manhã e, tremendo, contou o que tinha visto a dois companheiros, que disseram: "Ouvimos dizer que uma senhora morreu lá há pouco tempo e a mão divina está fazendo muitos milagres junto de seu famoso túmulo".

Movido por isso, ele dirigiu os passos para Assis e, quando chegou a Espoleto, enxergou em sonhos as mesmas coisas que tinha visto antes. Levantou-se do descanso e foi correndo, por amor da visão, chegando a Assis. Como havia multidões indo para lá, não conseguiu chegar perto da tumba da virgem. Pôs uma pedra embaixo da cabeça e dormiu. Então ouviu: "Se puderes entrar, o Senhor vai te fazer o bem".

Levantou-se, clamou chorando e pediu à multidão que lhe abrisse caminho. Quando lhe permitiram, tirou logo a roupa e os calçados, amarrou uma correia ao pescoço e chegou ao sepulcro. Foi tomado por um sono lento.

A bem-aventurada Clara ordenou que ele se levantasse curado e anunciou que receberia a luz outra vez. Acordou, e assim que a escuridão foi expulsa, percebeu que, por Clara, estava presente uma luz muito clara. Clarificou e louvou a Deus por tão grande dom e exortou todos os presentes a louvarem a Deus.

XL – A mão perdida e recuperada

Certa vez, quando um perusino com seus compatriotas estavam combatendo contra os cidadãos de Foligno, foi gravemente atingido no braço por uma pedrada. Gastou muito com os médicos, mas eles não puderam dar-lhe nenhuma ajuda para que a mão ferida não pendesse inutilmente. Resolveu cortar fora o membro que lhe parecia inútil, pois preferia ficar maneta e sem o membro do que sofrer no corpo inteiro pela parte doente.

Pediu o auxílio de Clara. Foi movido pela fama claríssima de seus sinais. Fez o voto de dar-lhe uma imagem de cera da mão e, logo depois que se deitou sobre a sua tumba, a virgem foi rápida; antes de sair da igreja, ele se alegrou pela volta da saúde.

XLI – Paralíticos

Um sujeito chamado Pedrinho fora tão consumido pela doença durante 3 anos, ficara tão ressecado pela mortífera peste que a violência da enfermidade lhe curvara a cintura e o entortara de tal forma que mal podia andar, apoiado numa bengala. O pai do menino consultara muitos médicos, procurando principalmente os que sabia que eram peritos na arte de curar ossos quebrados, disposto a gastar tudo que tinha para conseguir a cura, mas responderam que a arte humana não podia absolutamente ajudar o menino.

Então, buscou a ajuda de Clara. Levado para diante do sepulcro, ele ficou deitado um pouquinho e daí levou o dom da saúde. *Saltando, louvou as grandezas do Senhor* (cf. Ex 14,3; At 3,8), glorificou-o com palavras e, pelo sinal fulgurante, moveu o conjunto do povo a louvar Clara.

XLII – Sobre o mesmo tema

Um menino de 10 anos, paralítico de nascença, tinha sido consagrado frequentemente pela mãe penalizada ao pai São Francisco para que o curasse. Como não foi curado, quem o curou foi a piedosa virgem, que teve pena dele. O que não foi dado por aquele bom mestre, deu-o a discípula. Quando o paralítico foi levado ao seu túmulo, depois de poucos dias, com a costumeira piedade, estralando os seus ossos, Clara tornou retos os seus passos oblíquos.

XLIII – Sobre o mesmo tema

Um cidadão de Gubbio chamado Tiago tinha um menino de 5 anos que tinha os pés fracos e, por isso, não conseguia de jeito nenhum nem ficar em pé nem ir a algum lugar. O pai chorava como se fosse um monstro de sua casa. Deitado no chão, arrastando-se no pó, tentava em vão levantar-se. A natureza dera-lhe a vontade, mas lhe negara a possibilidade de andar. O cuidado dos pais consagrou esse menino a Clara, acrescentando, para usar as palavras deles, que ele seria um homem dela, se por ela fosse curado.

Ela logo curou aquele que tinha sido consagrado a ela. E os pais se apressaram em ir oferecê-lo no seu mirífico sepulcro.

XLIV – Sobre o mesmo tema

Uma mulher nascida em Bevagna e chamada Plenéria, dobrada na cintura, sem a ajuda de uma bengala não podia caminhar nem sustentar o peso do corpo encurvado. Mas arrastava-se com passos inseguros. Numa sexta-feira, foi levada àquele famoso túmulo de onde surgem coisas grandiosas, que brilha por exímios sinais de luz, irradia prodígios, resplandece pelo fulgor das virtudes, goza de favores, destaca-se e perfuma por suas curas. A mulher conseguiu o que pediu, pois, na manhã seguinte, ergueu-se e lhe foi dada plena saúde. E voltou para casa caminhando sozinha.

XLV – Cura de tumores da garganta

Uma menina de Perúgia teve um tumor imenso da garganta, com caroços. Nasceram uns vinte, e esse tumor lhe causava uma dor muito grande. O lugar cresceu tanto, inchou de tal maneira que a garganta parecia estar mais grossa do que a cabeça.

A mãe levou a menina muitas vezes ao túmulo da virgem. Uma vez, tendo ficado deitada lá de noite, o tumor molhou-se de suor e os caroços começaram logo a amolecer e a mover-se um pouco. Depois, pelos méritos de Clara, desapareceu todo o conjunto, e o lugar da garganta se recuperou tão bem que não havia vestígio da doença.

XLVI – Outra que fez enquanto viva

Aconteceu que, enquanto ainda vivia, uma irmã teve uma doença parecida. Seu nome era Andreia. Mas, para tentar escapar da dor da doença, meteu em si mesma uma mão estulta. É espantoso que entre aquelas brasas ardentes se escondesse um coração de gelo. E, assim, uma alma fria se ocultava no fogo bem-aventurado, que dissolve o gelo, que afasta o rigor e inflama os corações, limpando as mentes, porque consome a ferrugem.

Uma noite, ela apertou a própria garganta, desesperada, para vomitar aquele inchaço, querendo assim, com essa tentativa, passar por cima da vontade do espírito celeste.

Isso não ficou escondido para Clara; foi-lhe manifestado por Deus. Ela mandou que uma das companheiras fosse socorrê-la. Disse que devia levar-lhe um ovo quente para tomar e que a trouxesse à sua presença. A irmã correu, encontrou-a meio-morta, pois tinha perdido a fala. Levantou-a como pôde, levou-a à madre. E Clara lhe disse:

> Pobrezinha, arrepende-te e confessa a Deus, que conhece bem o que temos no coração. Eis que o próprio Deus vai te dar o remédio que presumiste encontrar, mas converte para coisas melhores o final de tua vida, porque vais morrer de um outro mal, não do que sofres agora.

Arrependida com isso, ela mudou os costumes e a vida para melhor. Sarou do mal da garganta, mas, pouco depois, chegou ao fim da vida por outra doença.

XLVII – Libertados de lobos

Aconteceu que a região de Assis foi atormentada pela ferocidade dos lobos. A raiva das feras crescera a tal ponto que se alimentavam de carne humana. Sucedeu, então, que uma mulher que tinha dois filhos e se chamava Bona, mal tinha acabado de chorar um deles, que fora presa dos lobos, quando uma fera cruel, estando a mãe em casa, meteu os dentes no menino que sobrara e o arrastou, levando-o para a floresta. Ouvindo seus gritos, os homens correram. Perguntaram à mãe se estava com o filho, dizendo-lhe estas palavras: "Acabamos de ouvir uns choros estranhos".

Percebendo a mãe que o lobo o arrebatara, levantou a voz, enchendo o ar de gritos. Rogou a Clara que lhe devolvesse o filho e acrescentou que, se não o devolvesse, ela mergulharia no rio.

Os vizinhos acorreram, procuraram pelos desvãos do mato o menino que o lobo pegara e encontraram a presa abandonada pelo cruel predador. Que maravilha! Que a fera, deixando de lado a braveza, tinha abandonado a presa roubada. A própria voracidade devolveu são aquele que tinha tomado. E todos se alegraram muito, quando viram que um cão lambia as feridas.

A fera começara dando as primeiras mordidas na cabeça dele, mas, para levá-lo com mais facilidade, encheu a boca com a sua cintura, e deixou os sinais de que a dentada não fora leve.

Pelo voto, a mãe correu para Clara e mostrou a todos as cicatrizes do filho, dando graças a Deus e a Clara.

XLVIII – Ainda o mesmo assunto

Certo dia, estava ao ar livre uma menina, em cujo regaço uma mulher se recostara. Eis que, de repente, chega um lobo furtivamente para a caça. A menina o viu, mas não teve medo, porque pensou que fosse um cão. Continuou a mexer nos cabelos. De repente, o lobo agrediu. Numa grande mordida, abocanhou-lhe o rosto, e o truculento animal começou a levar a presa nos dentes para o mato. A mulher logo se levantou, espantada e, lembrando-se de Clara, a magnífica, chamou-a e a interpelou: "Virgem piedosa, eu te peço, socorre esta menina que eu te recomendo!"

Foi o bastante. Que maravilha! A criança que estava sendo levada virou-se contra o cruel raptor e lhe disse: "Ó ladrão, vais levar uma menina recomendada a uma senhora tão grande?"

Confuso diante disso, o lobo logo soltou a presa no chão. Deixando-a, como um ladrão surpreendido, foi embora.

XLIX – Conclusão de toda a obra

Que despertem as mentes para o louvor desta virgem, e que nossa voz cante as grandezas de Clara, exalte suas virtudes com claros louvores, celebre seus doces costumes, apregoe seus feitos refulgentes: a excelência dela afugenta os males do corpo, expele as fúrias dos espíritos e abranda os furores do ânimo, obriga os animais selvagens a ficarem mansos.

Recomendemo-nos a seus elevados méritos e a suas bem-aventuradas preces, e roguemos ao Senhor que, pelos méritos desta virgem e pelas preces dos santos, esclareça todos os sentidos da alma, serene as mentes, purifique as ações. Para que, depois das nuvens deste mundo, depois das trevas da vida presente, respirem o futuro do amanhã e aspirem os gozos da vida celeste.

Conecte-se conosco:

 facebook.com/editoravozes

 @editoravozes

 @editora_vozes

 youtube.com/editoravozes

 +55 24 2233-9033

www.vozes.com.br

Conheça nossas lojas:

www.livrariavozes.com.br

Belo Horizonte – Brasília – Campinas – Cuiabá – Curitiba
Fortaleza – Juiz de Fora – Petrópolis – Recife – São Paulo

  Vozes de Bolso

EDITORA VOZES LTDA.
Rua Frei Luís, 100 – Centro – Cep 25689-900 – Petrópolis, RJ
Tel.: (24) 2233-9000 – E-mail: vendas@vozes.com.br